Studien zum Schusswaffeneinsatz:

Schießen & Bewegung



ISSN 1610-7519
ISBN 978-3-86676-798-0

# Polizeiwissenschaftliche Analysen

Schriftenreihe der
Hessischen Hochschule für
öffentliches Management und Sicherheit

*Herausgegeben von:*
*Thorsten Göbel, Hermann Groß, Clemens Lorei,*
*Peter Schmidt & Walter Seubert*

**Band 38**

Clemens Lorei, Bernd Grünbaum & Artur Gerlich

# Studien zum Schusswaffeneinsatz:
Schießen & Bewegung

ISSN 1610-7519
ISBN 978-3-86676-798-0

Verlag für Polizeiwissenschaft
Prof. Dr. Clemens Lorei

**Bibliografische Information der Deutschen Nationalbibliothek**
Die Deutsche Nationalbibliothek verzeichnet diese Publikation in der Deutschen Nationalbibliografie; detaillierte bibliografische Daten sind im Internet über http://dnb.d-nb.de abrufbar.

Die Schriftenreihe Polizeiwissenschaftliche Analysen
wurden begründet von:

Dr. jur. Michael Bäuerle
Bernhard Jäger
Bernd Paul
Dr. rer. soc. Hans Schneider



Verlag für Polizeiwissenschaft, Prof. Dr. Clemens Lorei
Eschersheimer Landstraße 508 • 60433 Frankfurt
Telefon/Telefax 0 69/51 37 54 • verlag@polizeiwissenschaft.de
www.polizeiwissenschaft.de

Printed in Germany

# Inhalt

# 1 Einleitung

Als im Jahr 2000 acht Polizeibeamte und Polizeibeamtinnen durch Rechtsbrecher getötet wurden, flammte eine bereits lange zuvor geführte Debatte über die Munition der Polizei in Deutschland erneut auf (vgl. Lorei, 2017). Neben der ins Feld geführten Umgebungsgefährdung durch Vollmantelgeschosse, die ein Zielmedium eher durchdringen sollen als ein Deformationsgeschoss, war nun die Effektivität einer geforderten sogenannten Mannstoppwirkung[1] zentral und mitbestimmend für die Einführung der damals neuen Polizeieinsatzpatrone. Die eingeführte neue Patrone für die Polizei in Deutschland erfüllt sicherlich die Forderungen der entsprechenden Technischen Richtlinie (aktuell in der Version 5; vgl. Polizeitechnisches Institut [PTI] der Deutschen Hochschule der Polizei, 2021). Ob sie dabei auch die erhofften Eigenschaften in Feuergefechten aufweist, ist aber nur ansatzweise evaluiert und bleibt mitunter fraglich (Lorei, 2017).[2] Dabei spielen für die Einsatzpraxis verschiedene Eigenschaften der Polizeieinsatzpatrone sicherlich eine Rolle. Diese Eigenschaften sind aber nur dann relevant und gegeben, wenn mit dem Projektil auch das Ziel getroffen wird. Dies ist einerseits trivial, andererseits aber auch höchst bedeutsam. Insgesamt wird dieser Aspekt aber auch oft vernachlässigt. So erscheint die Umgebungsgefährdung durch Geschosse, die ein Zielmedium eventuell durchschlagen, geringer im Vergleich zu Geschossen, die an Zielen vorbeifliegen und dann mit voller Energie (und eventuell höherer Wirksamkeit, wie dies für die Deformationsgeschosse gegenüber den Vollmantelgeschossen behauptet wird) in umstehende Personen treffen. Ebenso verhält es sich mit der erhofften Mannstoppwirkung. Trifft das Projektil nicht sein Ziel oder an einer medizinisch ungeeigneten Stelle, kann auch von einer noch so potenten Munition kaum eine Wirkung hinsichtlich der Mannstoppwirkung erwartet werden. Damit ist klar, dass eine Optimierung im Bereich des polizeilichen Schusswaffengebrauchs zunächst am Treffen mit der Pistole ansetzen muss. Die wenigen Erkenntnisse, die man von polizeilichen Feuergefechten hat, zeigen allerdings, dass in der Praxis bei weitem nicht die Trefferquoten zu finden sind, wie sie im grundlegenden Training angetroffen werden. Dies ist sowohl für die eingesetzten Polizeibeamt*innen riskant, wie auch für die in diesen Situationen anwesenden Bürger. Auch für eine*n Angreifer*in, die oder der einen Polizeibeamten oder eine Polizeibeamtin veranlasst, die Schusswaffen gegen sie oder ihn einzusetzen, kann ein sicheres Treffen und Wirken der

[1] Der Begriff Mannstoppwirkung ist irreführend und eher als Mythos denn als Fachterminus zu verstehen (vgl. Lorei, 2017; Rothschild & Kneubuehl, 2012). Er wird hier nur aus historischen Gründen verwendet.

[2] Dabei stellt die Technische Richtlinie Anforderungen auf, die Eigenschaften der Munition in Einsatzlagen operationalisieren sollen (Lorei, 2017). Wie geeignet diese Operationalisierungen sind, kann diskutiert werden (Lorei, 2017).

Munition das Risiko von noch massiveren Folgen mildern. Dies vor allem dann, wenn durch ein unsicheres Treffen und einer geringen sofortigen Wirkung zahlreiche Schüsse u. a. auch an verschiedenen Stellen einschlagen oder mehre Polizist*innen sich gezwungen sehen, zu schießen.

Als einer der Faktoren, der die Trefferquote im Einsatz reduzieren kann, wird die Dynamik der Situation angeführt. Dies meint, dass sich in polizeilichen Feuergefechten der Schütze mitunter bewegt und in oder aus der Bewegung auf ein vielleicht sich bewegendes Ziel schießt. Dies kann per se mit einer geringeren Trefferwahrscheinlichkeit bzw. einer höheren Schwierigkeit, zu treffen, verbunden sein. Des Weiteren kann es aber auch sein, dass diese Art zu schießen weniger geübt ist, da Aus- und Fortbildung häufig oder überwiegend statisches Schießen auf ein statisches Ziel beinhaltet. Letztendlich ist der Einfluss von Bewegung – sowohl Bewegung des Schützen wie auch Bewegung des Ziels – auf das Treffen beim polizeilichen Schusswaffengebrauch kaum untersucht. Deshalb widmet sich die hier vorgelegte Studie mit einer Untersuchungsserie dem Einfluss von Bewegung auf das polizeiliche Schießen.

Die Autoren bedanken sich bei der Hessischen Hochschule für öffentliches Management und Sicherheit für die finanzielle Förderung der Studien.

# 2 Theoretischer Hintergrund

## 2.1 Realität des polizeilichen Schusswaffengebrauchs

Während in Europa nicht in jedem Land alle Polizeibeamt*innen eine Dienstwaffe als persönliche Ausrüstung besitzen (Lorei & Balaneskovic, 2020b), trägt in Deutschland jede/r Polizeibeamt*in eine Pistole sowie ein Reizstoffsprühgerät (RSG) und einen Einsatzstock (meist Teleskopschlagstock [TKS]). Der Einsatz dieser Bewaffnung ist in den Polizeigesetzen der Länder und des Bundes relativ ähnlich geregelt. Verschiedene Bundesländer rüsten Teile ihrer Einsatzkräfte zusätzlich noch mit einem Distanzelektroimpulsgerät (DEIG) aus.

Zur Dokumentation des Einsatzes dieser Einsatzmittel wird in Deutschland nur der polizeiliche Schusswaffengebrauch registriert und als jährliche Statistik durch die Innenministerkonferenz (IMK) veröffentlicht. Dort werden die gezählten Ereignisse grob nach Rechtsbereichen (Notwehr, Verhinderung eines Verbrechens, Verhinderung der Flucht u. Ä.), die Art des Schusses (Warnschuss, Schuss auf Sachen, Schuss gegen Personen) sowie die Folgen des Schusswaffengebrauchs klassifiziert. Weitere Details werden nicht bekannt gegeben, womit tiefergehende Analysen mit Hilfe dieser Statistik unmöglich sind. Die Berichte der IMK der letzten Jahre zeigen, dass es in Deutschland jährlich zu ca. 10.000–18.000 polizeilichen Schusswaffengebräuchen der insgesamt ca. 250.000 Polizeibeamt*innen (European Union, 28.10.2019) kommt. In fast 99 % dieser Fälle wird die Dienstwaffe zum Töten von gefährlichen, kranken oder verletzten Tieren benutzt – 2021 war dies 17.378-mal der Fall. Diese Anzahl von Ereignissen steigt seit Jahren stetig an.

Relativ konstant bleibt die Anzahl von Schusswaffengebräuchen gegen Menschen. Jährlich werden zwischen 27- und 75-mal Personen von der Polizei beschossen (siehe Abbildung 1). Dabei findet die weit überwiegende Mehrheit dieser polizeilichen Schusswaffengebräuche in Situationen statt, in denen eine Leibes- oder Lebensgefahr für die Beamt*innen oder andere mit dem Schuss abgewehrt werden sollen. Deutlich seltener wird auf Personen geschossen, um deren Flucht zu stoppen oder um ein Verbrechen zu verhindern. Die weiteren Kategorien weisen stets nur Einzelfälle auf. Neben den Schüssen auf Personen direkt werden aber auch in einer vergleichbaren Häufigkeit Warnschüsse abgegeben (2021: 60-mal; 2020: 49-mal; 2019: 44-mal; 2018: 50-mal).

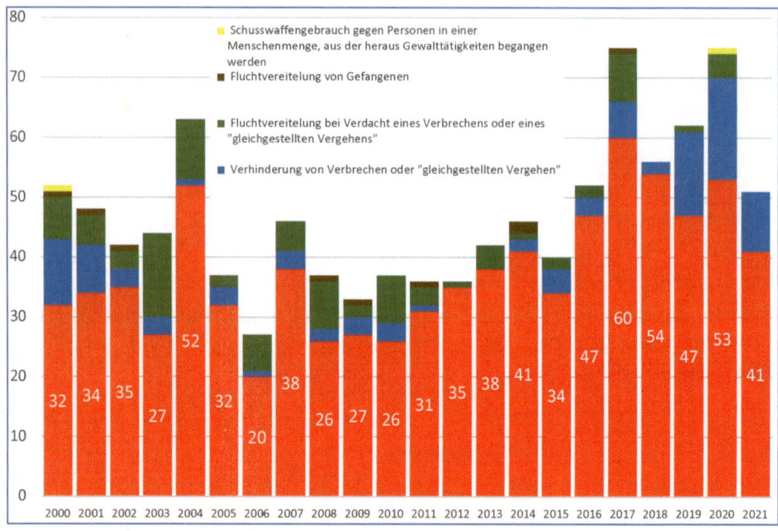


*Abbildung 1: Anzahl polizeilicher Schusswaffengebräuche gegen Personen seit dem Jahr 2000 (Datenquelle: jährliche Statistik der Innenministerkonferenz; vgl. www.schusswaffeneinsatz.de)*

Während es in den Fällen der Warnschüsse zu keinen (medizinisch besonders relevanten) Folgen kommt, sind die langfristigen Konsequenzen von polizeilichen Schüssen auf Personen in folgende drei Kategorien einzuteilen:

I. Getroffene Person ist verletzt und überlebt diese Verletzung auch langfristig (Kategorie „Verletzte“).

II. Person wird von einem Schuss oder mehreren Schüssen in der Art getroffen und verletzt, dass sie kurz-, mittel- oder langfristig verstirbt (Kategorie „Tote“).

III. Schuss oder Schüsse verfehlen das Ziel und bleiben ohne wesentliche medizinische Folgen (Kategorie „Fehlschuss“).

Im Zeitraum 2013 bis 2021 wurden in Deutschland pro Jahr zwischen 8 und 15 Personen durch Polizeischüsse getötet,[3] was knapp einem Viertel (ca. 15–25 %) aller Schusswaffengebräuche gegen Personen entspricht. In ungefähr der Hälfte der Fälle wurden die von Polizeigeschossen getroffenen durch diese „nur“ verletzt (jährlich zwischen 20 und 41 Personen = 47–67 % der Schusswaffengebräuche gegen Personen). In der übrigen Anzahl von Fällen (8 bis 19

[3] Dabei werden hier nur durch polizeilichen Schusswaffengebrauch getötete oder verletzte Personen erwähnt. Bei polizeilichen Festnahmen oder anderen Einsätzen ums Leben Gekommene oder Verletzte ohne Einwirkung der Schusswaffe werden hier nicht aufgeführt.

Fälle pro Jahr, was 17,4–33,3 % der Schusswaffengebräuche gegen Personen entspricht) wurde das Gegenüber nicht getroffen und auch medizinisch nicht wesentlich relevant beeinträchtigt. Die Verhältnisse dieser drei Kategorien zueinander finden sich im internationalen Vergleich annähernd wieder (White, 2006; New York City Police Department; 2019), wobei die Quote von durch Polizeibeamt*innen getöteten Personen bezogen auf die Anzahl von Bürgern in den USA deutlich höher liegt als in Deutschland oder auch den meisten Ländern der EU (Lorei & Balaneskovic, 2020b). Dabei befindet sich Deutschland mit 1,86 getöteten Personen pro Million Bürger*innen im oberen Drittel des EU-Ländervergleichs (Lorei & Balaneskovic, 2020b).

## 2.2 Trefferquoten beim polizeilichen Schießen

In der oben genannten Kategorisierung der langfristigen Konsequenzen von polizeilichen Schüssen auf Personen in die drei Kategorien ist bereits festgestellt, dass in einem beachtlichen Teil der Fälle (17,4–33,3 % im Zeitraum 2013 bis 2021) zwar auf das polizeiliche Gegenüber geschossen wurde, dieses aber nicht getroffen wurde (Warnschüsse und Schüsse auf Sachen werden in der IMK-Statistik separat gezählt). Dabei ist unklar, wie viele Schüsse jeweils in jedem Ereignis abgegeben wurden. Damit ermöglicht dies nur die Berechnung einer Ereignistrefferquote[4]. Sie liegt in Deutschland für den genannten Zeitraum zwischen 67,7 % und 82,6 %.

Da die deutsche Statistik keine Anzahl von Schüssen je Ereignis registriert, muss für eine Trefferquote in einem Feuergefecht auf internationale aktuelle wie historische Daten zurückgegriffen werden. Hier findet z. B. Aveni (2004) in der Statistik des New York Police Department (NYPD) für die Jahre 1988 bis 2001 im Mittel Trefferquoten um 22 % (min. 16 %, max. 57 %). Fünf Jahre später gibt das NYPD eine Trefferquote von 23–43 % an (Police Academy – Firearms and Tactics Section, 2006). Für das Dallas Police Department wird für 2003–2017 bei 149 Schusswaffengebräuchen eine Trefferquote von 54 % berichtet. White (2006) fasst umfangreiche Analysen zu Trefferquoten in den USA zusammen und kommt insgesamt zum Schluss, dass diese typischerweise unter 50 % liegen. Dabei liegt die Distanz zwischen Schütz*innen und Beschossenen in diesen Feuergefechten

[4] Hierbei wird die relative Häufigkeit eines Treffers für einen Schusswaffengebrauch bestimmt, ohne dabei die Anzahl der abgegebenen Schüsse zu berücksichtigen (Lorei & Heimann, 2017). Damit bestimmt die Ereignistrefferquote die Trefferquote für ein Ereignis, nicht aber für einzelne Schüsse. Je nach Anzahl der abgegebenen Schüsse bei einem Schusswaffengebrauch überschätzt diese Quote die Trefferquote für einzelne Schüsse mehr oder minder: Eine 80%ige Ereignistrefferquote kann durch zehn Ereignisse mit acht getroffenen Personen erzielt werden. Dabei kann der jeweilige Schütze pro Ereignis nur einmal (dann entspricht die Ereignistrefferquote der Schusstrefferquote) oder auch zehnmal geschossen haben (dann liegt die Schusstrefferquote für diese zehn Ereignisse mit je zehn Schuss und insgesamt acht Treffern bei 8 % - die Ereignistrefferquote beträgt immer noch 80 % und überschätzt die Schusstrefferquote um das Zehnfache!) (siehe Lorei & Heimann, 2017).

meist zwischen zwei und sechs Metern (Aveni, 2004; Police Academy – Firearms and Tactics Section, 2006; White, 2006).

Für Deutschland werden von offizieller Seite keine diesbezüglich auswertbaren Statistiken publiziert. Deshalb haben Lorei und Balaneskovic (2020a) einen Teil der deutschen Schusswaffengebräuche aus den Jahren 2013–2018 analysiert. In ihrer Stichprobe fand sich im absoluten Nahbereich (maximal mit 1,5 Metern zwischen Schütze und Beschossenen) eine 100-prozentige Trefferleistung. Bei einer Distanz von eineinhalb bis zu drei Metern trafen ca. drei Viertel der Schüsse. Bei über drei Metern wurden die Trefferquoten deutlich geringer. Hier traf nur jeder zweite (bei 6–15 Metern) oder dritte Schuss (bei 3–6 Metern). Mithin sind die Trefferquoten natürlich abhängig davon, wie geschossen wurde (Deutschuss, Schnell-Präzision oder Präzision) und wohin (Beine, Torso etc.) gezielt wurde (Lorei & Balaneskovic, 2020a).

Insgesamt ist festzustellen, dass reale Feuergefechte der Polizei überwiegend in sehr nahen Distanzen (bis maximal sechs Meter) stattfinden und dabei doch häufig nicht oder nur zu einem Teil das Ziel getroffen wird. Damit entspricht die Trefferleistung in Einsatzlagen kaum der Rate beim Übungsschießen. In diesem Zusammenhang wurde bereits vor über 20 Jahren angezweifelt, ob die klassische Schießaus- und -fortbildung auf ein reales Feuergefecht gut vorbereitet und eine hohe Trefferwahrscheinlichkeit eines/r Polizist*in gewährleisten kann (Morrison & Vila, 1998). Dabei beinhaltet die Schießaus- und -fortbildung häufig eher ein statisches Schießen auf ein statisches Ziel, was gute Voraussetzungen für eine hohe Trefferquote darstellt. Werden die Trainings jedoch wesentlich einsatzbezogener und realistischer, so fallen auch die Trefferraten deutlich geringer aus (Taverniers & De Boeck, 2014; Lorei, Stiegler & Bäuerle, 2014; Lorei & Stiegler, 2014a; Lorei & Stiegler, 2014b; Lorei & Heimann, 2017). Für die im Einsatz im Vergleich zum schulmäßigen Schießen niedrigen Trefferarten werden vor allem folgende Aspekte als Gründe oder Einflussfaktoren genannt (Lorei & Balaneskovic, 2020):

- Dynamik der Situation (Bewegung des/r Schütz*in und/oder des Ziels)
- ungewohntes Schießen (einhändig, schneller)
- unterschiedliches Gefahrenausmaß
- allgemeiner Stress der Situation
- biologische Grenzen
- biomechanische und physiologische Aspekte der Ausrüstung

Die Dynamik in realen Einsätzen zeigt sich u. a. darin, dass sich Polizeibeamt*innen als auch das Gegenüber (=Ziele des Schusswaffengebrauchs) mehr oder minder schnell bewegen (Lorei & Balaneskovic, 2020a). Dabei finden möglicherweise parallel auch körperliche Kämpfe, Rangeln um einen

Gegenstand, wie z. B. eine Waffe, oder Ähnliches statt. Dabei kann dies ursächlich dafür sein, dass in einem Feuerkampf möglicherweise anders geschossen wird als in den Trainings, die mitunter in einem relativ bewegungsarmen, häufig sogar statischen Übungsschießen bestehen. Erste Hinweise liefern hier Kerkhoff, Bolck und Mattijssen (2016). Sie simulierten die Verfolgung eines Flüchtenden zu Fuß und maßen die Schießleistung von mit 12 km/h rennenden Schütz*innen auf ein 4–5 Meter vor ihnen fahrendes Ziel von 1,5 Meter Höhe und 1 Meter Breite. Sie verglichen dabei ungeübte mit geübten Schütz*innen (Polizeibeamt*innen) sowie die Leistungen dieser beim rennenden mit der beim statischen Schießen. Sie kamen zum Ergebnis, dass zwischen dem stehenden und dem rennenden Schießen die Treffgenauigkeit[5] unverändert blieb, aber die Präzision[6] deutlich abnahm. Dabei unterschied sich insgesamt die Präzision zwischen den beiden Erfahrungsstufen erheblich, nicht aber die Genauigkeit. Dabei erhöhte sich die Streuung der Treffer vor allem deutlich in ihrer vertikalen Entfernung zum Zielmittelpunkt.

Auch kann sich das Schießen in Feuergefechten selbst völlig verändern. Während z. B. im Training meist beidhändig und mit der dominanten Hand trainiert wird, kann dann im Einsatz einhändig oder sogar mit der nichtdominanten Hand geschossen werden müssen (Lorei & Balaneskovic, 2020a), weil z. B. eine Hand in einer körperlichen Auseinandersetzung verwickelt war oder eine Taschenlampe hielt. Ebenso kann sich das Schießtempo (z. B. kein grobes Visieren mehr im Einsatz, Durchreißen des Abzugs, schnelleres Schießen, um früher zu treffen etc.) verändern, was mit einer Leistungsveränderung einhergehen könnte (Lorei, Grünbaum, Spöcker & Spitz, 2017).

Schade und Bruns (1989) betrachteten den Einfluss der Gefahrenlage. Sie fanden eine Abnahme der Trefferrate in Situationen, wenn die Gefährdung höher war. Ähnlich fanden Nieuwenhuys, Savelsbergh und Oudejans (2012), dass unter dem Einfluss von Angst eine schnellere Schießentscheidung getroffen wurde und schlechter getroffen wurde.

Stress durch die Einsatzsituation allgemein und auch unabhängig von der vorhandenen Gefährdung kann die Schießleistung deutlich in unterschiedlicher Weise und in unterschiedliche Richtung beeinflussen (Lorei, 2014). So sind Lärm, Zeitdruck, körperliche Belastung und Erschöpfung, parallele Aufgaben, Müdigkeit und Probleme mit der Waffe durchaus Stressoren in solchen Einsatzsituationen. Ihr Einfluss auf die Trefferrate wurde durch

[5] Treffgenauigkeit gibt die Entfernung des Treffers bzw. des Einschlags des Projektils zum Ziel an (vgl. Lorei, 2021).

[6] Präzision beschreibt die Ähnlichkeit der Schüsse einer Schussserie (vgl. Lorei, 2021). Je ähnlicher die Einschläge ins Ziel sind, desto näher liegen sie beieinander (=enges oder dichtes Trefferbild).

verschiedene Studien gezeigt (Lorei, 2014). Ebenfalls als Beleg für den Einfluss von Stress auf die Trefferquoten kann angesehen werden, dass ein Resilienztraining (Andersen & Gustafsberg, 2016) und das Erlernen einer Atementspannung in Kombination mit einer Abzugskontrollübung (Hornsby, Johnson, Meckley, Blackley, Peveler, Lowes & Dawes, 2021) sich positiv auf die Schießleistung auswirken. In dieselbe Richtung geht, dass durch ein sehr stressiges Training (Simulationen, in denen auch die Übenden beschossen werden) die Trefferquoten in realen Feuergefechten gesteigert werden können (Oudejans, 2008). Stress stellt also belegtermaßen ein Einflussfaktor auf die Trefferarten im Einsatz dar.

Vila und Morrison (1994) diskutieren biologische Grenzen der Trefferquote in realen Feuergefechten. Neurophysiologische und biomechanische Eigenschaften des/r Schütz*in begrenzen die Leistungsfähigkeit. Dabei bleibt bis zu einem gewissen Grad aber offen, ob dies dann allgemein für das Schießen gilt oder unter welchen spezifischen Bedingungen diese Beschränkungen besonderen Einfluss haben (also im Einsatz die Limitationen besonders einflussreich wirken).

In entsprechenden Lagen – im Gegensatz zu den alltäglichen Streifenlagen – können Polizeibeamt*innen gezwungen sein, ihre Ausrüstung massiv an die Bedrohlichkeit der Einsatzsituation anzupassen. Durch die Ausrüstung mit Vollschutz inklusive einer persönlichen Schutzweste und Zusatzschutzausstattung wie Helm, Tiefschutz und Hals-Schulter-Schutz sowie ballistischen Plattenträgern oder einer Körperschutzausstattung, wie sie z. B. bei Demolagen getragen wird, können biomechanische (z. B. Beweglichkeitseinschränkungen) und physiologische (z. B. körperliche Belastung durch das Gewicht der Ausrüstung) Einflüsse und Beschränkungen auftreten, die mehr oder minder Ziel- und Schießtechnik beeinflussen können und somit auch die Trefferleistung beeinträchtigen. Diese Einflüsse sind noch empirisch zu ermitteln.

## 2.3 Bewegung und Schießen

Während beim sportlichen Schießen mit einem Gewehr oder aber auch der Pistole gerade eine möglichst hohe Stabilität der Waffen- und Körperhaltung als die Leistung optimierend angesehen wird (Hoffman, Gilson, Westenburg & Spencer, 1992; Goonetilleke, Hoffmann & Lau, 2008; Mononen, Konttinen, Viitasalo & Era, 2007; Hawkins & Sefton, 2011; Sattlecker, Buchecker, Gressenbauer, Müller & Lindinger, 2017; Laaksonen, Finkenzeller, Holmberg & Sattlecker, 2018), ist beim Schießen in einem polizeilichen Feuergefecht das Schießen aus oder in der Bewegung[7] noch dazu auf dynamische Ziele üblich (Lorei und Balaneskovic, 2020) und damit diametral anders. Dyer (2016) fand entsprechend für das Militär heraus, dass dort einer hohen Treffergenauigkeit beim Schießen auf bewegte Ziele eine hohe Priorität zugesprochen wird, die aber noch zu wenig geübt werde nach Angaben von fast 1.636 Vorgesetzten aus verschiedenen Bereichen der US-Armee, welche über umfangreiche Einsatzerfahrung verfügten.

Gerade die beim sportlichen Schießen als optimale Bedingung angesehene Statik wird beim polizeilichen Feuergefecht aufgehoben und ins Gegenteil – nämlich in eine mehr oder minder maximale Dynamik – verkehrt. Damit kann davon ausgegangen werden, dass dies auch mit einer Reduzierung der Trefferwahrscheinlichkeit einhergeht. Dabei ist zu berücksichtigen, dass die Distanzen zwischen Schütz*innen und Ziel sowie die Zielgröße beim Sport oder Polizeieinsatz deutlich verschieden sind.

Eine erhöhte Herausforderung bei sich bewegenden Zielen ist, dass für das Treffen des Ziels nicht nur der Ort des Kontakts (Deuten, Berühren, Treffen mit einem Gegenstand) geplant werden muss, sondern auch der Zeitpunkt (Brouwer, Smeets & Brenner, 2005). Es kommt also zu der Positionierung im Raum eine Koordination der Zeit hinzu. Die jeweilige Genauigkeit dieser beiden Aspekte steht dabei in Konkurrenz (das sogenannte Fitts'-Law, Chiu, Lin, Young, Lin, Hsu, Yang & Huang, 2011; Lorei, Grünbaum, Spöcker & Spitz, 2017). Dabei spielt also nicht nur eine Rolle, ob sich ein Ziel bewegt, sondern auch wie schnell es sich bewegt sowie seine Größe (Brouwer, Smeets & Brenner, 2005). Dabei ist bei schnellen Zielen eine Abnahme der Leistung beim Treffen der Ziele festzustellen (Schendel & Johnston, 1983; Brouwer, Smeets & Brenner, 2005; Chiu, Lin, Young, Lin, Hsu, Yang & Huang, 2011).

Die Bewegung des/r Schütz*in kann auf zweierlei Wegen Einfluss auf die Trefferleistung nehmen. Einerseits kann das Sichbewegen zu Interferenzen mit dem Zielen führen und somit die Stabilität des Zielens beeinträchtigen. Dabei stellt die Stabilität des Zielens im Stand eine erhebliche Rolle für das Treffen (mit dem Gewehr) (Hoffman, Gilson, Westenburg & Spencer, 1992; Goonetilleke, Hoffmann & Lau, 2008; Mononen, Konttinen, Viitasalo & Era, 2007; Hawkins & Sefton, 2011; Sattlecker, Buchecker, Gressenbauer, Müller & Lindinger, 2017; Laaksonen, Finkenzeller, Holmberg & Sattlecker, 2018). Andererseits kann die Ermüdung des/r Schütz*in durch körperliche Bewegung in Verbindung der durch die körperliche Bewegung resultierenden Folgen, wie z. B. Tremor, Atembewegungen etc., auf die Schießhaltung

[7] Wenn der/die Schütz*in sich selbst bewegt, können zwei verschiedene Schießtaktiken unterschieden werden. Einerseits kann er/sie schießen, während er/sie sich weiterbewegt (Schießen *in* der Bewegung) oder er/sie kann seine/ihre Bewegung unterbrechen und unmittelbar danach schießen (Schießen *aus* der Bewegung).

wirken. Brown, Tandy, Wulf und Young (2013) jedoch fanden, dem letzten widerprechend, dass eine körperliche Anstrengung unmittelbar vor Schussabgabe für Polizeibeamt*innen beim Pistolenschießen keine Leistungsminderung verursachte.

Während beim Biathlon oder anderen sportlichen Schießdisziplinen das Ziel statisch ist, existieren aber auch Disziplinen, in denen sich das Ziel des/der Schütz/in bewegt (z. B. mit laufenden Scheiben oder Wurfscheiben beim Trap, Doppeltrap oder Skeet). Aber auch das Jagen von Wild sowie der/die militärische Scharfschütz*in haben es mitunter mit sich bewegenden Zielen zu tun. Eine der beiden wesentlichen Taktiken zum Schießen auf bewegte Objekte, welche beim jagdlichen, sportlichen und militärischen Schießen eingesetzt werden, ist das „Tracking“, d. h. Verfolgen des Ziels bzw. das „Mitziehen“/„Mitfahren“ mit der Bewegung des Ziels (Schendel & Johnston, 1983; Simon, 2007; Uhl, Bink, James & Jackson, 2017). Die zweite Schießtaktik ist das „Trapping“, d. h. Einnehmen eines antizipierten Punkts der Bewegung des Ziels (Schendel & Johnston, 1983; Simon, 2007; Uhl, Bink, James & Jackson, 2017). Dort wird dann bis zu dem Zeitpunkt gewartet, an dem das Ziel diesen Punkt erreicht. Bei beiden Taktiken wird je nach Geschwindigkeit und Entfernung des Ziels ein Punkt vor dem Ziel anvisiert (sogenanntes Vorhalten bzw. „lead“), den das Ziel mit einer gewissen Verzögerung erreichen wird und somit die Bewegung des Ziels in Verbindung mit der Flugzeit des Projektils kompensiert (Uhl, Bink, James & Jackson, 2017). Wie diese Taktiken zum Schießen auf dynamische Ziele in einem Feuergefecht auf sehr nahe Distanzen Anwendung finden und welche Vor- und Nachteile dies hat, ist unklar. Hier sind mitunter völlig andere Ziele, Geschwindigkeiten, Bewegungsformen und Distanzen gegeben. Schendel und Johnston (1983) fanden beim Schießen mit einer militärischen Langwaffe auf 50 bis 250 Meter Entfernung, dass die Taktiken je nach Schütz*innenqualität und Schießentfernung unterschiedlich von Vor- oder Nachteil waren. Entsprechend ist dies für ein polizeiliches Feuergefecht zu prüfen.

Da bei einem polizeilichen Schusswaffengebrauch in einer Distanz von zwei bis sechs Metern geschossen wird, erscheint zumindest ein „Vorhalten“ oder ähnliches, welches die Flugzeit des Geschosses in Bezug auf die Zielbewegung berücksichtigt, nicht vonnöten zu sein. Bei einer Geschossgeschwindigkeit von ungefähr 400 m/s aus einer 9mm-Polizei-Pistole (Damm, 2012) benötigt das Projektil für eine 4-Meter-Entfernung vom Schützen bzw. von der Schützin bis zum Ziel ca. eine 1/100 Sekunde. Bei dieser Zeitspanne kann ein Vorhalten nicht erforderlich erscheinen. Bei einer Bewegung des Ziels in entspannter Gehgeschwindigkeit von ca. 1 m/s hat sich der/die zu Beschießende um ca. 1 cm bewegt. Wurde dabei ein Zielbereich relativ zentral anvisiert (z. B. das Zentrum des Beckens der Zielperson), scheint dies bezüglich der Trefferwahrscheinlichkeit vernachlässigbar (ausgehend von ca. 25–30 cm Breite des Beckenknochens). Geht man von einer maximalen Sprintgeschwindigkeit von 12,5 m/s (Weltrekord der Männer mit 9,58 Sekunden für 100 Meter) aus, sind es in dieser Zeit ca. 12,5 cm. Dies kann dann aber bezüglich der Trefferwahrscheinlichkeit, z. B. bei sehr schnell flüchtenden Personen, relevant sein. Im Unterschied dazu bewegen sich die Ziele (Wurfscheiben) beim sportlichen Schießen, wie Trap, Doppeltrap und Skeed, mit bis zu 100 km/h (=27,8 m/s) (Causer, Bennett, Holmes, Janelle & Williams, 2010) und müssen aus deutlich größerer Entfernung beschossen werden. Dies macht ein Vorhalten zwingend erforderlich.

Wenn Ziele sich bewegen, kann dies aber auch einen die Leistung steigernden Effekt haben. So wird die Aufmerksamkeit durch Bewegung des Ziels „angezogen“ und Aktionen richten sie eher auf dieses bewegte Objekt (Wood & Wilson, 2010). Wood und Wilson (2010) fanden dies bei Torhütern im Fußball: Wenn sich diese bewegten und mit den Armen winkten, schossen Elfmeterschütz*innen eher in Richtung Torwart (was beim Fußball die Chance mindert, ein Tor zu schießen).

## 2.4 Ziele & Hypothesen

Es werden immer wieder deutlich niedrigere Trefferquoten in Einsätzen berichtet, als sie im Training erzielt werden. Dabei wird regelmäßig auf die deutlich andere Dynamik in einem Feuergefecht hingewiesen. Dass Bewegung von Schütz*in und Ziel also eine Rolle spielen kann und sich auf die Trefferraten auswirkt, wird einerseits als Argument herangeführt und andererseits durch verschiedene wissenschaftliche Erkenntnisse nahegelegt. Die hier vorliegende Studie versucht deshalb, dies empirisch zu prüfen. Dabei soll der Einfluss nicht pauschal als Mischung verschiedener Bewegungen (Schütz*in und Ziel) und Bewegungsformen (vorwärts, rückwärts, schnell, langsam) in einer einzigen Bedingung betrachtet werden, sondern es wird angestrebt, die verschiedenen Einflüsse verschiedener Bewegungen und Bewegungsformen voneinander separiert sowie im Zusammenwirken zu betrachten. Letztendlich wird der Einfluss von

- Bewegung eines Ziels
  - in unterschiedlicher Form
  - mit unterschiedlicher Geschwindigkeit
- Bewegung des/r Schütz*in
  - in unterschiedlicher Form
  - mit unterschiedlicher Geschwindigkeit
- sowie die Kombination der Bewegung des Ziels und des/r Schütz*in
- auf das Treffen eines Ziels untersucht.

Es wird dabei auf Grund der oben genannten Ausführungen davon ausgegangen, dass im Vergleich zu einer Trefferleistung eines/r statischen Schütz*in auf ein statisches Ziel die Trefferleistung

- eines/r sich bewegenden Schütz*in auf ein statisches Ziel (1. Hypothese)
- eines/r statischen Schütz*in auf ein sich bewegendes Ziel (2. Hypothese)

signifikant niedriger ist.

Dabei ist die Trefferquote einer Kombination der Bewegung des/r Schütz*in mit der Bewegung des Ziels deutlich niedriger als die Trefferleistung eines/r statischen Schütz*in auf ein statisches Ziel (3. Hypothese).

# 3 Methode

## 3.1 Versuchspersonen

Als freiwillige Versuchspersonen dienten Studierende der Hochschule der Polizei Baden-Württemberg im Zeitraum Wintersemester 2020/21 bis Sommersemester 2022. Für jede zu untersuchende Komponente der Bewegung wurden unterschiedliche Personen verwendet. Die Studierenden der Hochschule befanden sich dabei in unterschiedlichen Studienabschnitten und bestanden zu ca. 20 % aus sogenannten Aufsteigern. Dies bedeutet, dass dies vollausgebildete Polizeibeamt*innen mit einer mehrjährigen Berufserfahrung sind, die durch das Studium einen dienstlichen Aufstieg vorbereiten. Die anderen 80 % der Versuchspersonen waren Direkteinsteiger*innen. Dies sind Berufsanfänger*innen mit keiner oder nur sehr wenig Einsatzerfahrung (einige Monate Praktikum), die ansonsten Polizeischulen besuchen.

## 3.2 Versuchsausbau

Zunächst schossen alle Versuchspersonen jeweils zwei Übungen zur grundlegenden Schießfertigkeit. Hier waren aus zehn Metern Entfernung auf eine statische 24er-Ringscheibe (siehe Abbildung 1) vier Präzisionsschüsse und vier grob visierte Schüsse jeweils aus der aufmerksamen Sicherungshaltung (Waffe im Holster, Hand umfasst Griffstück der Waffe) abzugeben. Jede Schussabgabe erfolgte auf Kommando des Schießausbilders.

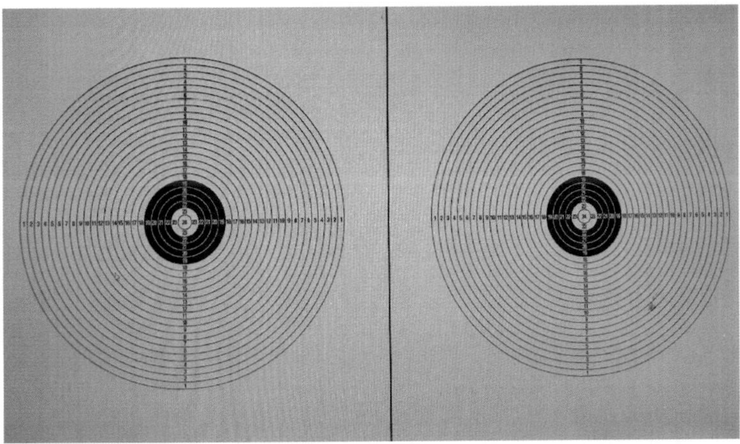

*Abbildung 1: 24er-Ringscheibe*

Für die Untersuchung der Komponenten statisch und horizontal der Bewegung schossen die Versuchspersonen auf eine Kreisfläche mit Durchmesser 26 cm (siehe Abbildung 2); für alle anderen Bewegungsformen auf eine Darstellung eines Kreises mit Durchmesser ebenso 26 cm (siehe Abbildung 3).

*Abbildung 2: Zieldarstellung für Prüfung der Komponenten der Bewegung (statisch, horizontal bewegend) mit Kreisdurchmesser 26 cm*

*Abbildung 3: Zieldarstellung für Prüfung der Komponenten der Bewegung (diagonal, zufällig) mit Kreisdurchmesser 26 cm*

Jede Versuchsperson schoss für jede untersuchte Komponente der Bewegung sowohl die zu untersuchende Version als auch die Basisversion (Baseline). Dies bedeutet z. B. für ein sich horizontal bewegendes Ziel, dass jede Versuchsperson eine Serie auf sich horizontal bewegende Ziele schoss, als auch zum Vergleich eine Serie auf ein statisches Ziel (Baseline). Die Vergleiche der Trefferleistungen als Einfluss einer Bewegungskomponente erfolgt also intraindividuell (Baseline vs. experimentelle Bedingung).

Um den Reihenfolgeeffekt statistisch zu prüfen und zu kontrollieren, wurde die Abfolge Basisübung und die zu untersuchende Version abgewechselt.

## 3.3 Aufbau der Studie

Realistisches Schießen ist ein komplexes Zusammenspiel eines/r sich bewegenden Schütz*in und eines sich bewegenden Ziels. Diese Komplexität wird versucht, in Teilkomponenten und Dimensionen zu zerlegen, um deren Einzeleinflüsse jeweils zu untersuchen. Zusätzlich wurden Kombinationen betrachtet. Folgende Teilaspekte wurden in Teilkomponenten untersucht:

- Bewegung Ziel
  - Bewegungsrichtung (siehe Abbildung 5)
    - horizontal
    - schräg
    - zufällig
  - Bewegungsgeschwindigkeit
    - langsam
    - schnell
- Serie sich bewegende Schütz*innen
  - Bewegungsrichtung (siehe Abbildung 6)
    - vorwärts
    - rückwärts
    - zickzack (siehe Abbildung 4)
    - zielgerichtet
  - Bewegungsgeschwindigkeit
    - langsam (vorwärts)
    - schnell (vorwärts)

*Abbildung 4: Beispiel Bewegung des Schützen vorwärts im Zickzackkurs*

Zusätzlich wurden die Teilaspekte/Komponenten in unterschiedlicher Komplexität als Kombination untersucht. Dabei wurden die Kombinationen aus den Ergebnissen der einzelnen Komponenten in der Art zusammengestellt, dass eine Kombination der beiden am wenigsten beeinträchtigenden Faktoren und der am meisten beeinträchtigenden Faktoren realisiert werden:

- Basis: Ziel statisch – Schütz*in stehend (bei jeder Version individuelle Vergleichsbasis)
- 1: Ziel horizontal bewegend – Schütz*in vorwärtsgehend
- 2: Ziel sich zufällig bewegend – Schütz*in zielgerichtet schnell gehend

Dabei wurde versucht, einheitliche bzw. vergleichbare Bewegungsgeschwindigkeiten der Schütz*innen sowie des Ziels zu erreichen. Ein/e laufende/r Schütz*in bewegte sich mit ca. 0,6–0,8 m/s. Beim schnellen Bewegen wurde eine Geschwindigkeit von ca. 1,1–1,3 m/s angestrebt. Dabei wurde unmittelbar vor der Erhebung der Schießleistung jeweils die Bewegung vom Schießtrainer in der entsprechenden Geschwindigkeit demonstriert. Die Zielbewegungen waren 0,5 m/s sowie 0,8 m/s bei einem sich schnell bewegenden Ziel.

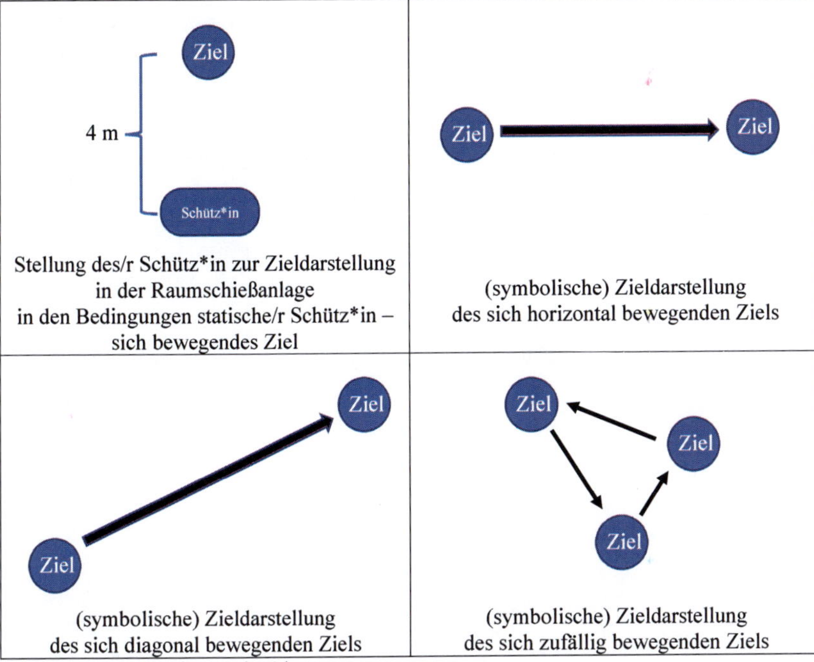


*Abbildung 5: Bewegungsrichtungen des Ziels*

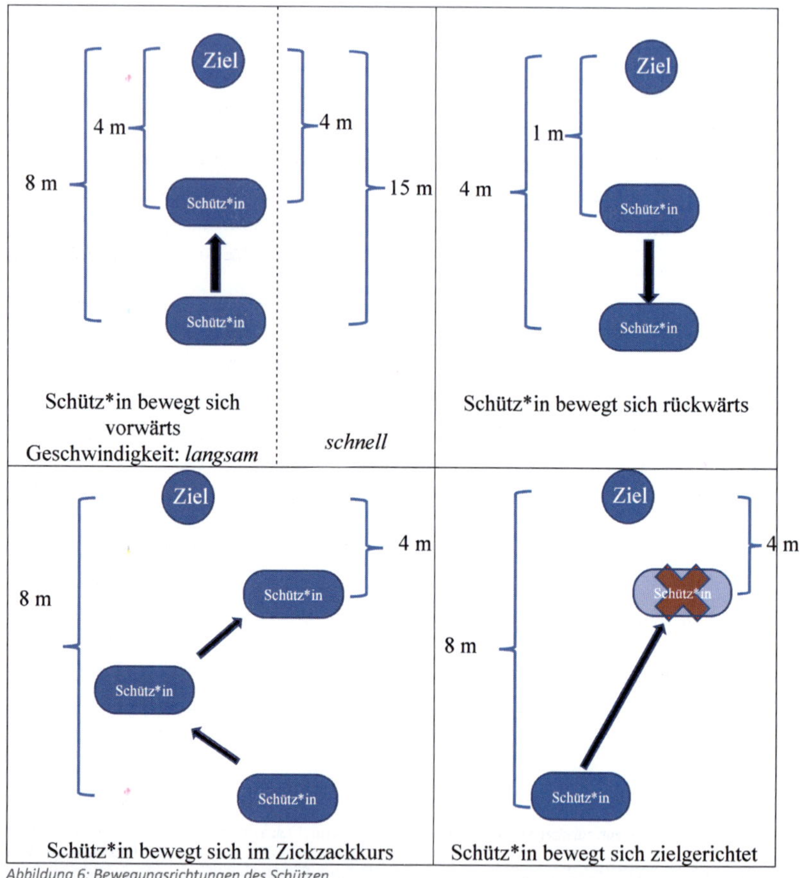


*Abbildung 6: Bewegungsrichtungen des Schützen*

## 3.4 Trefferaufnahme

Die Trefferaufnahme erfolgt durch die Schießanalage. Diese zeichnet die Durchführung der Übung auf und bietet im Anschluss daran eine Auswertung (sowohl berechnet als auch im Einzeldetail) an. Die erzielten Treffer sowie die dafür benötigten Schießzeiten wurden in ein Protokoll übertragen.

Als Reaktionszeiten wurden beim grundlegenden Schießen (Präzisions- und grob visierte Schüsse) jeweils die Zeit von Übungsfreigabe bis Einschlag Schuss notiert. Für jeden Schuss existiert also eine eigene Reaktionszeit. Die Zeiten für die Schüsse in den beiden jeweiligen Experimentalübungen ist die Zeit von der Übungsfreigabe bis zum jeweiligen Einschlag des Schusses.

Hier werden für die einzelnen Schüsse der Schussserie also kumulierte Zeiten notiert.

## 3.5 Datenbereinigung

Für die Auswertung der Ergebnisse wurden nur Versuchspersonen herangezogen, für die vollständige Datensätze existierten. Datensätze, die fehlende Werte besaßen, z. B. bei denen die Schießanlage keine Trefferanzeige registrierte, wurden entfernt. Damit konnten bei insgesamt 1.963 Teilnehmern 1.757 verwertbare Datensätze für 11 Teilstudien gewonnen werden.

# 4 Ergebnisse

Im Nachfolgenden werden sowohl deskriptive Statistiken wie auch inferenzstatistische Berechnungen dokumentiert. Dabei werden Signifikanzen mit einer Irrtumswahrscheinlichkeit von kleiner 5 % mit einem Stern („*“) und kleiner 1 % mit zwei Sternen („**“) gekennzeichnet. Die Abkürzung SD steht für Standard Deviation und bezeichnet die Standardabweichung. Des Weiteren sind Minimalwerte („Min“) und Maximalwerte („Max“) angegeben. „Ø“ bezeichnet den Mittelwert.

## 4.1 Serie Bewegte Ziele

### 4.1.1 Bewegungsrichtung

#### 4.1.1.1 Horizontal

Teilgenommen haben 323 Schütz*innen. Bei 29 fehlten bei einem oder mehreren Ergebnissen Angaben (Anlage zeigte keinen Treffer oder die dazugehörige Zeit), sodass 294 vollständige Datensätze vorhanden waren.

##### *4.1.1.1.1 Basis-Schießfertigkeit*

###### *4.1.1.1.1.1 Präzisionsschuss auf 24er-Ringscheibe*

Im Mittel treffen die Versuchspersonen beim Präzisionsschießen je Schuss etwas mehr als 21 Ringe und benötigen je Schuss im Durchschnitt fast vier Sekunden (siehe Tabelle 1). Der Mittelwert der mit vier Präzisionsschüssen auf die 24er-Ringscheibe erzielten Summen beträgt 85,47. Um diesen Wert streuen die Versuchspersonen (siehe Abbildung 7).

*Tabelle 1: Überblick über die Ergebnisse des Präzisionsschießens auf die 24er-Ringscheibe aus zehn Metern Entfernung (N=294)*

| | Schuss | | | | | | | | Serie | |
|---|---|---|---|---|---|---|---|---|---|---|
| | 1 | | 2 | | 3 | | 4 | | | |
| | Treffer | Zeit | Treffer | Zeit | Treffer | Zeit | Treffer | Zeit | Summe Treffer | Summe Zeit |
| **Ø** | 21,52 | 3,94 | 21,62 | 3,81 | 21,14 | 3,80 | 21,18 | 3,87 | 85,47 | 15,42 |
| **SD** | 2,46 | 1,29 | 2,25 | 1,20 | 2,53 | 1,07 | 2,72 | 1,39 | 6,22 | 3,96 |
| **Min** | 0 | 1,43 | 10 | 1,97 | 7 | ,88 | 1 | 1,64 | 50 | 8,77 |
| **Max** | 24 | 11,28 | 24 | 9,18 | 24 | 7,45 | 24 | 17,43 | 95 | 27,66 |

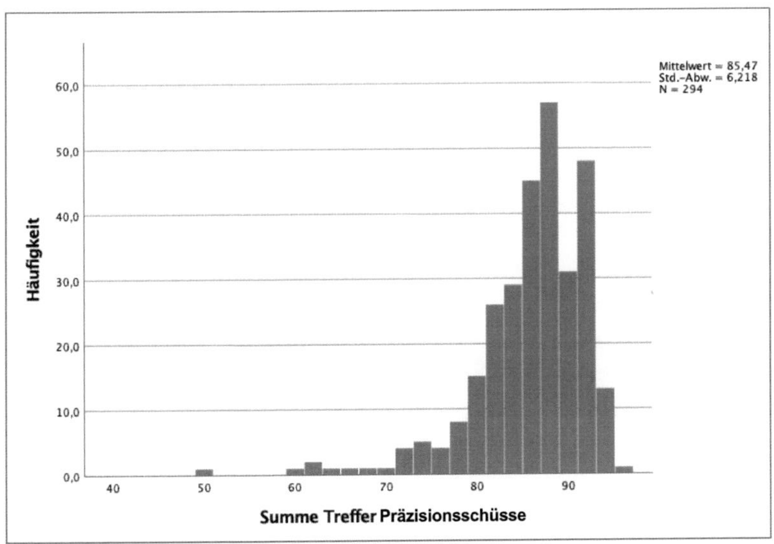


*Abbildung 7: Verteilung der Summe der vier Präzisionsschüsse*

###### *4.1.1.1.1.2 Grob visierter Schuss auf 24er-Ringscheibe*

Im Mittel treffen die Versuchspersonen beim grob visierten Schießen je Schuss ungefähr 20 Ringe und benötigen je Schuss im Durchschnitt zweieinhalb Sekunden (siehe Tabelle 2). Der Mittelwert der mit vier grob visierten Schüssen auf die 24er-Ringscheibe erzielten Summen beträgt 80,19. Um diesen streuen die Werte der Versuchspersonen (siehe Abbildung 8).

*Tabelle 2: Überblick über die Ergebnisse des grob visierten Schießens auf die 24er-Ringscheibe aus zehn Metern Entfernung (N=294)*

| | Schuss | | | | | | | | Serie | |
|---|---|---|---|---|---|---|---|---|---|---|
| | 1 | | 2 | | 3 | | 4 | | | |
| | Treffer | Zeit | Treffer | Zeit | Treffer | Zeit | Treffer | Zeit | Summe Treffer | Summe Zeit |
| **ø** | 19,85 | 2,40 | 19,99 | 2,44 | 20,12 | 2,58 | 20,23 | 2,53 | 80,19 | 9,96 |
| **SD** | 3,56 | 0,54 | 3,48 | 0,69 | 2,80 | 1,78 | 2,78 | 0,90 | 7,71 | 2,85 |
| **Min** | 0 | 1,46 | 0 | 1,5 | 10 | ,28 | 8 | 1,52 | 47 | 6,50 |
| **Max** | 24 | 5,73 | 24 | 9,76 | 24 | 31 | 24 | 20,23 | 94 | 39,18 |

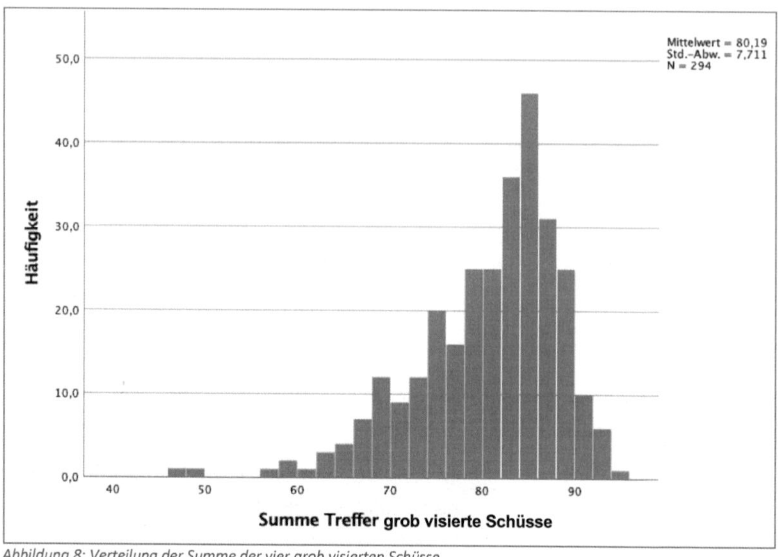


*Abbildung 8: Verteilung der Summe der vier grob visierten Schüsse*

Die Summe der Treffer der Präzisionsschüsse unterscheidet sich statistisch sehr signifikant (T=11.550, df=293, $Sig_{2\text{-seitig}}$ P=.000) von der Summe der Treffer der grob visierten Schüsse mit einer mittleren Effektstärke (Cohen`s d=.674).

#### *4.1.1.1.2 Experimentelle Schießbedingung*

##### *4.1.1.1.2.1 Schuss auf ein statisches Ziel*

Beim Schießen auf ein statisches Ziel treffen 255 Versuchspersonen von 294 (=86,7 %) dieses mit dem ersten Schuss (siehe Tabelle 3). Mit dem zweiten Schuss sind es noch 244 (=83,0 %) und mit dem dritten 238 (=81,0 %). Zwei Drittel der Personen treffen mit allen drei Schüssen, ein Viertel trifft mit einem Schuss nicht. Jeder Zehnte trifft nur mit einem Schuss von dreien. Weniger als jeder Einhundertste trifft keinmal das Ziel.

*Tabelle 3: Überblick über die Ergebnisse des Schießens auf ein statisches Ziel aus vier Metern Entfernung (N=294)*

| | Schuss | | | Trefferanzahl gesamte Serie | | | |
|---|---|---|---|---|---|---|---|
| | 1 Treffer | 2 Treffer | 3 Treffer | 0 | 1 | 2 | 3 |
| **Anzahl** | 255 | 244 | 238 | 2 | 32 | 75 | 185 |
| **%** | 86,7 % | 83,0 % | 81,0 % | 0,8 % | 10,9 % | 25,5 | 62,9 % |
| **Ø Zeit** (kumuliert) | 1,87 | 2,40 | 2,91 | | | | |
| **SD-Zeit** | 0,337 | 0,458 | 0,594 | | | | |
| **Min-Zeit** | 0,62 | 0,7 | 0,41 | | | | |
| **Max-Zeit** | 3,05 | 3,77 | 5,30 | | | | |

#### *4.1.1.1.2.2 Schuss auf ein dynamisches Ziel*

Beim Schießen auf ein sich horizontal bewegendes Ziel treffen 239 Versuchspersonen von 294 (=81,3 %) dieses mit dem ersten Schuss (siehe Tabelle 4). Mit dem zweiten Schuss sind es noch 231 (=78,6 %) und mit dem dritten 207 (=70,4 %). Die Hälfte der Personen treffen mit allen drei Schüssen, ein Drittel treffen mit einem Schuss nicht. Mehr als jeder Zehnte trifft nur mit einem Schuss von dreien. Vier Prozent treffen keinmal das Ziel.

*Tabelle 4: Überblick über die Ergebnisse des Schießens auf ein dynamisches Ziel (horizontale Bewegung) aus vier Metern Entfernung (N=294)*

| | Schuss | | | Trefferanzahl gesamte Serie | | | |
|---|---|---|---|---|---|---|---|
| | 1 Treffer | 2 Treffer | 3 Treffer | 0 | 1 | 2 | 3 |
| **Anzahl** | 239 | 231 | 207 | 12 | 40 | 89 | 153 |
| **%** | 81,3 % | 78,6 % | 70,4 % | 4,1 % | 13,6 % | 30,3 % | 52,0 % |
| **Ø Zeit** (kumuliert) | 1,91 | 2,62 | 3,35 | | | | |
| **SD-Zeit** | 0,351 | 0,414 | 0,554 | | | | |
| **Min-Zeit** | 0,81 | 1,64 | 2,11 | | | | |
| **Max-Zeit** | 3,39 | 3,90 | 5,34 | | | | |

Der Unterschied zwischen der Summe der Treffer beim Schießen auf ein statisches Ziel zur Summe der Treffer beim Schießen auf ein dynamisches, sich horizontal bewegendes Ziel ist statistisch sehr signifikant (T=3,471, df=293, $Sig_{2\text{-seitig}}$ P=.001) mit einer geringen Effektstärke (Cohen`s d=.202). Dies bedeutet, dass die Personen auf ein dynamisches, sich horizontal bewegendes Ziel etwas schlechter treffen als auf ein statisches Ziel.

#### *4.1.1.1.3 Einflüsse*

#### *4.1.1.1.3.1 Grundlegende Schießfertigkeit*

##### *4.1.1.1.3.1.1 Präzisionsschießen*

Um einen Einfluss der Schießfähigkeit beim Präzisionsschießen auf das Schießen auf ein sich horizontal bewegendes oder statisches Ziel zu prüfen, wurden die Versuchspersonen gemäß ihrer Leistung beim Präzisionsschießen in drei Gruppen aufgeteilt:

- Unteres Drittel: bis einschließlich 84 Ringe (vier Schuss 24er-Ringscheibe) (=33,7 %)
- Mittleres Drittel: 85–88 Ringe (vier Schuss 24er-Ringscheibe) (=34,7 %)
- Oberes Drittel: ab einschließlich 89 Ringe (vier Schuss 24er-Ringscheibe) (=31,6 %)

Bei der Überprüfung des Einflusses der Schießfähigkeit beim Präzisionsschießen auf das Schießen auf statische und dynamische Ziele mittels mehrfaktorieller Varianzanalyse (drei Leistungsgruppen) mit Messwiederholung (dynamisches vs. statisches Ziel) finden sich die beiden Haupteffekte als statistisch (sehr) signifikant (siehe Tabelle 6 und Tabelle 7). Der Interaktionseffekt hingegen ist statistisch nicht signifikant. Dies bedeutet, dass sich die drei Gruppen statistisch signifikant hinsichtlich ihrer Schießleistungen auf dynamische und statische Ziele unterscheiden. Ebenso sind die Trefferleistungen auf dynamische, sich horizontal bewegende Ziele signifikant schlechter als die auf ein statisches Ziel.

*Tabelle 5: Deskriptive Statistik der Schießergebnisse beim Schießen auf ein statisches und ein dynamisches Ziel für die drei Leistungsgruppen beim Präzisionsschießen*

| | Qualität Präzschießen | Mittelwert | SD | N |
|---|---|---|---|---|
| Summe Treffer statisches Ziel | schlechte Präz-Schütz*innen | 2,4343 | ,79747 | 99 |
| | mittlere Präz-Schütz*innen | 2,5098 | ,64093 | 102 |
| | gute Präz-Schütz*innen | 2,5806 | ,69662 | 93 |
| Summe Treffer dynamisches Ziel | schlechte Präz-Schütz*innen | 2,1212 | ,91777 | 99 |
| | mittlere Präz-Schütz*innen | 2,3431 | ,83838 | 102 |
| | gute Präz-Schütz*innen | 2,4516 | ,77342 | 93 |

*Tabelle 6: Tests der Innersubjektkontraste*

| Quelle | Typ III Quadratsumme | df | Mittel der Quadrate | F | Sig. |
|---|---|---|---|---|---|
| Dynamik | 6,045 | 1 | 6,045 | 11,890 | ,001** |
| Dynamik * Qual_Präz | ,922 | 2 | ,461 | ,907 | ,405 |
| Fehler (Dynamik) | 147,956 | 291 | ,508 | | |

*Tabelle 7: Tests der Zwischensubjekteffekte*

| Quelle | Typ III Quadratsumme | df | Mittel der Quadrate | F | Sig. |
|---|---|---|---|---|---|
| Konstanter Term | 3401,037 | 1 | 3401,037 | 4733,809 | ,000** |
| Qual_Präz | 5,596 | 2 | 2,798 | 3,894 | ,021* |
| Fehler | 209,071 | 291 | ,718 | | |

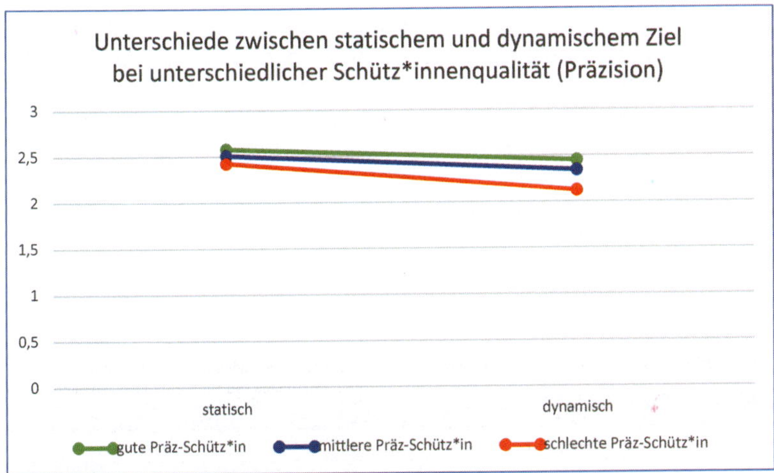

*Abbildung 9: Unterschiede der Trefferleistungen auf statische und dynamische Ziele für unterschiedliche Leistungsgruppen beim Präzisionsschießen*

##### *4.1.1.1.3.1.2 Grob visiertes Schießen*

Um zu prüfen, ob die Schießfähigkeit beim grob visierten Schießen auf das Schießen auf ein sich horizontal bewegendes Ziel oder statisches Ziel Einfluss hat, wurden die Versuchspersonen gemäß ihrer Leistung beim grob visierten Schießen in drei Gruppen aufgeteilt:

- Unteres Drittel: bis einschließlich 78 Ringe (vier Schuss 24er-Ringscheibe) (=34,4 %)
- Mittleres Drittel 79–84 Ringe (vier Schuss 24er-Ringscheibe) (=32,3 %)
- Oberes Drittel: ab einschließlich 85 Ringe (vier Schuss 24er-Ringscheibe) (=33,3 %)

Bei der Überprüfung des Einflusses der Schießfähigkeit beim grob visierten Schießen auf das Schießen auf statische und dynamische Ziele mittels mehrfaktorieller Varianzanalyse (drei Leistungsgruppen) mit Messwiederholung (dynamisches vs. statisches Ziel) finden sich die beiden Haupteffekte als statistisch sehr signifikant (siehe Tabelle 9 und Tabelle 10). Der Interaktionseffekt hingegen ist statistisch knapp nicht signifikant. Dies bedeutet, dass sich die drei Gruppen statistisch signifikant hinsichtlich ihrer Schießleistungen auf dynamische und statische Ziele unterscheiden. Ebenso sind die Trefferleistungen auf dynamische Ziele signifikant schlechter als die auf ein statisches Ziel. Der knapp nicht signifikant Interaktionseffekt deutet darauf hin, dass tendenziell der Leistungsabfall durch die Dynamik des Ziels sich unterschiedlich stark bei den drei verschiedenen Leistungsgruppen auswirkt (siehe Abbildung 10).

*Tabelle 8: Deskriptive Statistik der Schießergebnisse beim Schießen auf ein statisches und ein dynamisches Ziel für die drei Leistungsgruppen beim grob visierten Schießen*

| | Qualität grob visiertes Schießen | Mittelwert | SD | N |
|---|---|---|---|---|
| Summe Treffer statisches Ziel | schlechte Schütz*innen | 2,4257 | ,75295 | 101 |
| | mittlere Schütz*innen | 2,5053 | ,69762 | 95 |
| | gute Schütz*innen | 2,5918 | ,68619 | 98 |
| Summe Treffer dynamisches Ziel | schlechte Schütz*innen | 2,0594 | ,95731 | 101 |
| | mittlere Schütz*innen | 2,4842 | ,74181 | 95 |
| | gute Schütz*innen | 2,3776 | ,79321 | 98 |

*Tabelle 9: Tests der Innersubjektkontraste*

| Quelle | Typ III Quadratsumme | df | Mittel der Quadrate | F | Sig. |
|---|---|---|---|---|---|
| Dynamik | 5,909 | 1 | 5,909 | 11,782 | ,001** |
| Dynamik * Qual_Deut | 2,926 | 2 | 1,463 | 2,917 | ,056 |
| Fehler (Dynamik) | 145,952 | 291 | ,502 | | |

*Tabelle 10: Tests der Zwischensubjekteffekte*

| Quelle | Typ III Quadratsumme | df | Mittel der Quadrate | F | Sig. |
|---|---|---|---|---|---|
| Konstanter Term | 3405,484 | 1 | 3405,484 | 4797,556 | ,000** |
| Qual_Deut | 8,104 | 2 | 4,052 | 5,708 | ,004** |
| Fehler | 206,563 | 291 | ,710 | | |

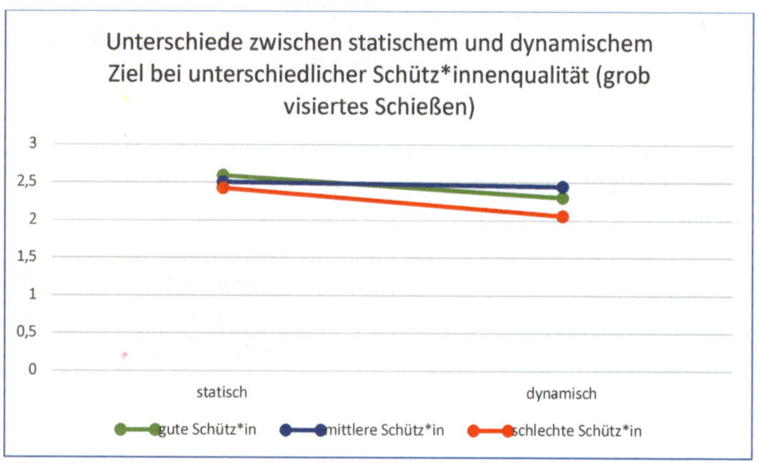


*Abbildung 10: Unterschiede der Trefferleistungen auf statische und dynamische Ziele für unterschiedliche Leistungsgruppen beim grob visierten Schießen*

#### *4.1.1.1.3.2 Schießgeschwindigkeit*

Um den Einfluss der Schießgeschwindigkeit zu prüfen wurden die Summen der Treffer auf das dynamische Ziel mit den unterschiedlichen Schießzeiten korreliert. Es findet sich für jede Schießzeit ein statistisch (sehr) signifikanter Zusammenhang mit der Trefferleistung auf das dynamische Ziel (siehe Tabelle 11). Dabei ist dieser Zusammenhang eher gering. Inhaltlich zeigt sich, dass je schneller geschossen wird, desto besser wird das dynamische Ziel getroffen. Dies sowohl hinsichtlich der Zeiten beim Schießen auf das dynamische Ziel wie auch aller übrigen Schießzeiten.

*Tabelle 11: Statistische Zusammenhänge verschiedener Schießzeiten mit der Anzahl an Treffern beim Schießen auf ein dynamisches Ziel (horizontale Bewegung) (N=294)*

| | **Summe Treffer dynamisches Ziel** | |
|---|---|---|
| | Pearson-Korrelation | Sig. (2-seitig) |
| Zeit für 1. Schuss bei dynamischem Ziel | -,205 | ,000** |
| Zeit für 1. + 2. Schuss bei dynamischem Ziel | -,232 | ,000** |
| Zeit für 1. + 2. + 3. Schuss bei dynamischem Ziel | -,335 | ,000** |
| Zeit für 4 Präzisionsschüsse | -,174 | ,003** |
| Zeit für 4 grob visierte Schüsse | -,140 | ,016* |
| Zeit für 1. + 2. + 3. Schuss bei statischem Ziel | -,223 | ,000** |

#### *4.1.1.1.3.3 Schießtaktik*

Es findet sich kein statistisch signifikanter Unterschied der Trefferleistungen beim Schießen auf ein dynamisches Ziel zwischen verschiedenen Schießtaktiken (siehe Tabelle 14). Es macht also keinen Unterschied, ob das Ziel verfolgt wird oder ob auf es gewartet wird. Die Trefferleistung ist bei beiden Schießtaktiken gleich.

*Tabelle 12: Deskriptive Statistik für unterschiedliche Schießtaktiken*

| | N | Mittelwert | Standardabweichung |
|---|---|---|---|
| Ziel verfolgend | 206 | 2,3495 | ,81700 |
| auf Ziel wartend | 88 | 2,1932 | ,93290 |

*Tabelle 13: Levene-Test der Varianzgleichheit für die unterschiedlichen Schießtaktiken*

| Levene-Test der Varianzgleichheit | | F | Sig. |
|---|---|---|---|
| dynamisches Ziel | Varianzen gleich | 1,456 | ,229 |
| | Varianzen ~~gleich~~ | | |

*Tabelle 14: T-Test für die unterschiedlichen Schießtaktiken*

| T-Test | T | df | Sig. (2-seitig) | mittlere Differenz | Standardfehler-differenz | Cohen's d |
|---|---|---|---|---|---|---|
| Varianzen gleich | 1,439 | 292 | ,151 | ,15633 | ,10865 | ,183 |
| Varianzen ~~gleich~~ | 1,364 | 146,666 | ,175 | ,15633 | ,11459 | |

### *4.1.1.1.3.4 Übungsreihenfolge*

Es findet sich kein statistisch signifikanter Unterschied der Trefferleistungen beim Schießen auf ein dynamisches und auch statisches Ziel zwischen den beiden Reihenfolgen (siehe Tabelle 17). Es macht also keinen Unterschied, ob zunächst auf das statische Ziel und dann auf das dynamische Ziel geschossen wird oder umgekehrt. Die Trefferleistung ist bei beiden Reihenfolgen gleich.

*Tabelle 15: Deskriptive Statistik für die beiden Reihenfolgen*

| | Reihenfolge | N | Mittelwert | SD |
|---|---|---|---|---|
| statisches Ziel | 1. statisch – 2. dynamisch | 174 | 2,3103 | ,83715 |
| | 1. dynamisch – 2. statisch | 120 | 2,2917 | ,88304 |
| dynamisches Ziel | 1. statisch – 2. dynamisch | 174 | 2,4943 | ,71924 |
| | 1. dynamisch – 2. statisch | 120 | 2,5250 | ,70963 |

*Tabelle 16: Levene-Test der Varianzgleichheit für die unterschiedlichen Reihenfolgen*

| Levene-Test der Varianzgleichheit | | F | Sig. |
|---|---|---|---|
| statisches Ziel | Varianzen gleich | ,882 | ,349 |
| | Varianzen ~~gleich~~ | | |
| dynamisches Ziel | Varianzen gleich | ,012 | ,914 |
| | Varianzen ~~gleich~~ | | |

*Tabelle 17: T-Test für die unterschiedlichen Reihenfolgen*

| T-Test | | T | df | Sig. (2-seitig) | mittlere Differenz | Standard-fehler-differenz | Cohen's |
|---|---|---|---|---|---|---|---|
| statisches Ziel | Varianzen gleich | ,184 | 292 | ,854 | ,01868 | ,10159 | 0,22 |
| | Varianzen ~~gleich~~ | ,182 | 246,972 | ,856 | ,01868 | ,10259 | |
| dynamisches Ziel | Varianzen gleich | -,362 | 292 | ,717 | -,03075 | ,08488 | -0,43 |
| | Varianzen ~~gleich~~ | -,363 | 258,200 | ,717 | -,03075 | ,08467 | |

#### 4.1.1.2 Diagonal

Teilgenommen haben 103 Schütz*innen. Bei sechs Teilnehmer*innen fehlten bei einem oder mehreren Ergebnissen Angaben (Anlage zeigte keinen Treffer oder die dazugehörige Zeit), sodass 97 vollständige Datensätze vorhanden waren.

##### *4.1.1.2.1 Basis-Schießfertigkeit*

###### *4.1.1.2.1.1 Präzisionsschuss auf 24er-Ringscheibe*

Im Mittel treffen die Versuchspersonen beim Präzisionsschießen je Schuss um die 21 Ringe und benötigen je Schuss im Durchschnitt geringfügig weniger als vier Sekunden (siehe Tabelle 18). Der Mittelwert der mit vier Präzisionsschüssen auf die 24er-Ringscheibe erzielten Summen beträgt 83,31. Um diesen Wert streuen die Versuchspersonen (siehe Abbildung 11).

*Tabelle 18: Überblick über die Ergebnisse des Präzisionsschießens auf die 24er-Ringscheibe aus zehn Metern Entfernung (N=97)*

| | **Schuss** | | | | | | | | **Serie** | |
|---|---|---|---|---|---|---|---|---|---|---|
| | **1** | | **2** | | **3** | | **4** | | | |
| | Treffer | Zeit | Treffer | Zeit | Treffer | Zeit | Treffer | Zeit | Summe Treffer | Summe Zeit |
| **Ø** | 20,30 | 3,84 | 21,24 | 3,71 | 21,01 | 3,70 | 20,76 | 3,65 | 83,31 | 14,90 |
| **SD** | 3,49 | 1,15 | 2,50 | 1,03 | 3,79 | 1,34 | 3,73 | 1,06 | 8,63 | 3,84 |
| **Min** | 4 | 2,18 | 8 | 2,25 | 0 | 1,61 | 0 | 2,17 | 24 | 9,19 |
| **Max** | 24 | 7,60 | 24 | 6,50 | 24 | 11,76 | 24 | 6,70 | 95 | 29,08 |

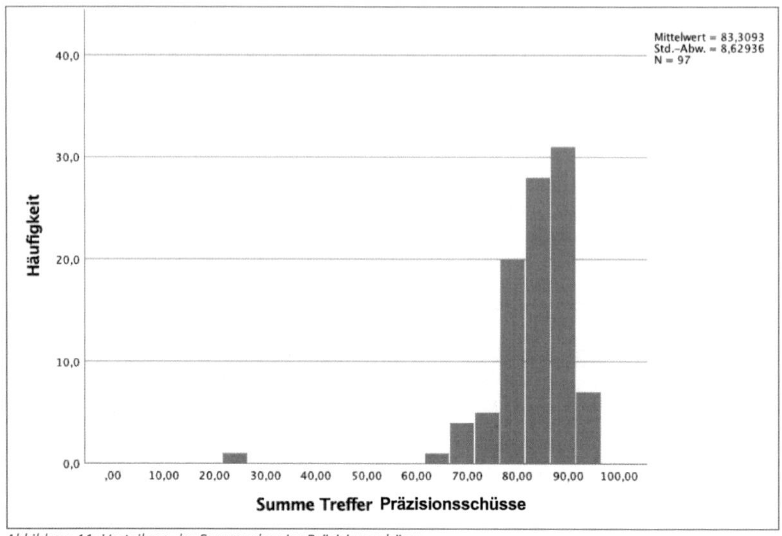


*Abbildung 11: Verteilung der Summe der vier Präzisionsschüsse*

#### *4.1.1.2.1.2 Grob visierter Schuss auf 24er-Ringscheibe*

Im Mittel treffen die Versuchspersonen beim grob visierten Schießen je Schuss ungefähr 19 Ringe und benötigen je Schuss im Durchschnitt fast zweieinhalb Sekunden (siehe Tabelle 19). Der Mittelwert der mit vier grob visierten Schüssen auf die 24er-Ringscheibe erzielten Summen beträgt 77,79. Um diesen streuen die Versuchspersonen (siehe Abbildung 12).

*Tabelle 19: Überblick über die Ergebnisse des grob visierten Schießens auf die 24er-Ringscheibe aus zehn Metern Entfernung (N=97)*

| | Schuss | | | | | | | | Serie | |
|---|---|---|---|---|---|---|---|---|---|---|
| | 1 | | 2 | | 3 | | 4 | | | |
| | Treffer | Zeit | Treffer | Zeit | Treffer | Zeit | Treffer | Zeit | Summe Treffer | Summe Zeit |
| **Ø** | 19,02 | 2,34 | 19,85 | 2,36 | 19,27 | 2,48 | 19,66 | 2,46 | 77,79 | 9,64 |
| **SD** | 3,60 | 0,51 | 2,95 | 0,41 | 3,82 | 0,49 | 3,50 | 0,49 | 8,37 | 1,61 |
| **Min** | 8 | 1,19 | 10 | 1,52 | 2 | 1,37 | 1 | 1,70 | 52 | 7,25 |
| **Max** | 24 | 5,36 | 24 | 3,79 | 24 | 4,09 | 24 | 4,80 | 91 | 17,54 |

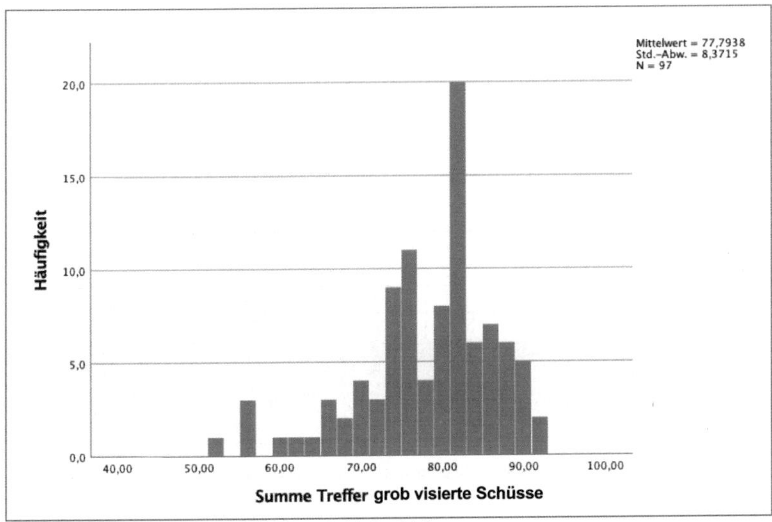


*Abbildung 12: Verteilung der Summe der vier grob visierten Schüsse*

Die Summe der Treffer der Präzisionsschüsse unterscheidet sich statistisch sehr signifikant (T=5,381, df=96, $Sig_{2\text{-seitig}}$ P=.000) von der Summe der Treffer der grob visierten Schüsse mit einer mittleren Effektstärke (Cohen`s d=.546).

#### *4.1.1.2.2 Experimentelle Schießbedingung*

##### *4.1.1.2.2.1 Statisches Ziel*

Beim Schießen auf ein statisches Ziel treffen 79 Versuchspersonen von 97 (=81,4 %) dieses mit dem ersten Schuss (siehe Tabelle 20). Mit dem zweiten Schuss sind es 80 (=82,5 %) und mit dem dritten 71 (=73,2 %). Die Hälfte der Personen treffen mit allen drei Schüssen, 40 % treffen mit einem Schuss nicht. Weniger als jeder Zehnte trifft nur mit einem Schuss von drei. 3 % treffen keinmal das Ziel.

*Tabelle 20: Überblick über die Ergebnisse des Schießens auf ein statisches Ziel aus vier Metern Entfernung (N=97)*

| | Schuss | | | Trefferanzahl gesamte Serie | | | |
|---|---|---|---|---|---|---|---|
| | 1 Treffer | 2 Treffer | 3 Treffer | 0 | 1 | 2 | 3 |
| **Anzahl** | 79 | 80 | 71 | 3 | 7 | 38 | 49 |
| **%** | 81,4 % | 82,5 % | 73,2 % | 3,1 % | 7,2 % | 39,2 % | 50,5 % |
| **Ø Zeit** (kumuliert) | 1,91 | 2,44 | 2,91 | | | | |
| **SD-Zeit** | 0,35 | 0,40 | 0,52 | | | | |
| **Min-Zeit** | 0,99 | 1,73 | 1,73 | | | | |
| **Max-Zeit** | 3,09 | 3,69 | 4,83 | | | | |

###### *4.1.1.2.2.2 Diagonal bewegendes Ziel*

Beim Schießen auf ein sich diagonal bewegendes Ziel treffen 68 Versuchspersonen von 97 (=70,1 %) dieses mit dem ersten Schuss (siehe Tabelle 21). Mit dem zweiten Schuss sind es 75 (=77,3 %) und mit dem dritten 68 (=70,1 %). Weniger als die Hälfte der Personen trifft mit allen drei Schüssen, ein Drittel trifft mit einem Schuss nicht. Mehr als jeder Zehnte trifft nur mit einem Schuss von dreien. Fast jeder Zehnte trifft keinmal das Ziel.

*Tabelle 21: Überblick über die Ergebnisse des Schießens auf ein dynamisches Ziel (diagonale Bewegung) aus vier Metern Entfernung (N=97)*

| | Schuss | | | Trefferanzahl gesamte Serie | | | |
|---|---|---|---|---|---|---|---|
| | 1 Treffer | 2 Treffer | 3 Treffer | 0 | 1 | 2 | 3 |
| **Anzahl** | 68 | 75 | 68 | 8 | 12 | 32 | 45 |
| **%** | 70,1 % | 77,3 % | 70,1 % | 8,2 % | 12,4 % | 33,0 % | 46,4 % |
| **Ø Zeit** (kumuliert) | 1,89 | 2,62 | 3,37 | | | | |
| **SD-Zeit** | 0,27 | ,38 | 0,48 | | | | |
| **Min-Zeit** | 1,42 | 1,84 | 2,20 | | | | |
| **Max-Zeit** | 2,92 | 3,72 | 4,53 | | | | |

Der Unterschied zwischen der Summe der Treffer beim Schießen auf ein statisches Ziel zur Summe der Treffer beim Schießen auf ein dynamisches, sich diagonal bewegendes Ziel ist bei einer ungerichteten Hypothese knapp nicht signifikant (T=1,878, df=96, $Sig_{2\text{-seitig}}$ P=.063). Dabei ist die Effektstärke (Cohen`s d=.191) gering. Formuliert man die Unterschiedshypothese jedoch gerichtet und nimmt an, dass bei einer Bewegung des Ziels die Trefferleistungen schlechter werden, so ist das Ergebnis statistisch signifikant. Dies bedeutet, dass die Personen auf ein dynamisches, sich diagonal bewegendes Ziel etwas schlechter treffen als auf ein statisches Ziel.

##### *4.1.1.2.3 Einflüsse*

###### *4.1.1.2.3.1 Grundlegende Schießfertigkeit*

###### *4.1.1.2.3.1.1 Präzisionsschießen*

Um zu prüfen, ob die Schießfähigkeit beim Präzisionsschießen auf das Schießen auf ein sich diagonal bewegendes Ziel oder statisches Ziel Einfluss hat, wurden die Versuchspersonen gemäß ihrer Leistung beim Präzisionsschießen in drei Gruppen aufgeteilt:

- Unteres Drittel: bis einschließlich 82 Ringe (vier Schuss 24er-Ringscheibe) (=34,0 %)
- Mittleres Drittel: 83–87 Ringe (vier Schuss 24er-Ringscheibe) (=33,0 %)
- Oberes Drittel: ab einschließlich 88 Ringe (vier Schuss 24er-Ringscheibe) (=33,0 %)

Bei der Überprüfung des Einflusses der Schießfähigkeit beim Präzisionsschießen auf das Schießen auf ein sich diagonal bewegendes oder statisches Ziel mittels mehrfaktorieller Varianzanalyse (drei Leistungsgruppen) mit Messwiederholung (dynamisches vs. statisches Ziel) erweist sich der Haupteffekt der Leistung beim Präzisionsschießen als statistisch signifikant (siehe Tabelle 24). Der Haupteffekt der Dynamik (dynamisches vs. statisches Ziel) und der Interaktionseffekt sind statistisch nicht signifikant (siehe Tabelle 23). Dies bedeutet, dass sich die drei Leistungsgruppen statistisch signifikant hinsichtlich ihrer Schießleistungen auf das Ziel in der Übung (unabhängig ob statisch oder sich bewegend) unterscheiden.

*Tabelle 22: Deskriptive Statistik der Schießergebnisse beim Schießen auf ein statisches und ein dynamisches Ziel für die drei Leistungsgruppen beim Präzisionsschießen*

| | Qualität Präzschießen | Mittelwert | SD | N |
|---|---|---|---|---|
| Summe Treffer statisches Ziel | schlechte Präz-Schütz*innen | 2,2121 | ,73983 | 33 |
| | mittlere Präz-Schütz*innen | 2,4062 | ,83702 | 32 |
| | gute Präz Schütz*innen | 2,5000 | ,67202 | 32 |
| Summe Treffer dynamisches Ziel | schlechte Präz Schütz*innen | 1,8182 | 1,10268 | 33 |
| | mittlere Präz-Schütz*innen | 2,3125 | ,89578 | 32 |
| | gute Präz Schütz*innen | 2,4062 | ,71208 | 32 |

*Tabelle 23: Tests der Innersubjektkontraste*

| Quelle | Typ III Quadratsumme | df | Mittel der Quadrate | F | Sig. |
|---|---|---|---|---|---|
| Dynamik | 1,821 | 1 | 1,821 | 3,448 | ,066 |
| Dynamik * Qual_Präz | ,981 | 2 | ,491 | ,929 | ,399 |
| Fehler (Dynamik) | 49,658 | 94 | ,528 | | |

*Tabelle 24: Tests der Zwischensubjekteffekte*

| Quelle | Typ III Quadratsumme | df | Mittel der Quadrate | F | Sig. |
|---|---|---|---|---|---|
| Konstanter Term | 1004,640 | 1 | 1004,640 | 1136,709 | <,001** |
| Qual_Präz | 6,942 | 2 | 3,471 | 3,927 | ,023* |
| Fehler | 83,079 | 94 | ,884 | | |

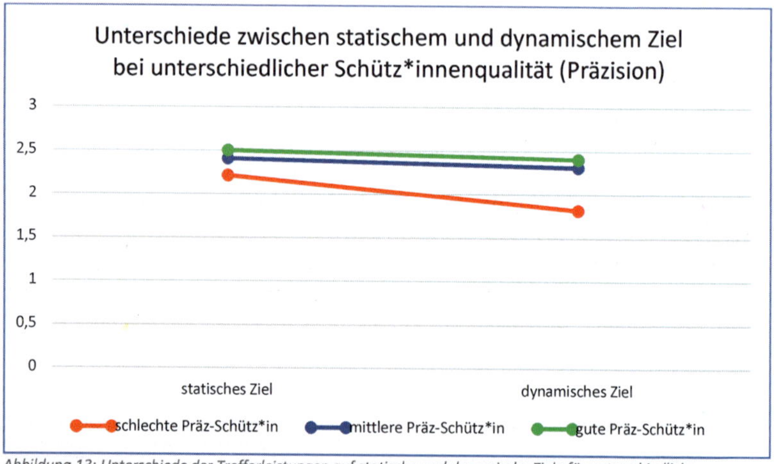


*Abbildung 13: Unterschiede der Trefferleistungen auf statische und dynamische Ziele für unterschiedliche Leistungsgruppen beim Präzisionsschießen*

###### *4.1.1.2.3.1.2 Grob visiertes Schießen*

Um zu prüfen, ob die Schießfähigkeit beim grob visierten Schießen auf das Schießen auf ein sich diagonal bewegendes bzw. statisches Ziel Einfluss hat, wurden die Versuchspersonen gemäß ihrer Leistung beim grob visierten Schießen in drei Gruppen aufgeteilt:

- Unteres Drittel: bis einschließlich 75 Ringe (vier Schuss 24er-Ringscheibe) (=36,1 %)
- Mittleres Drittel 76–81 Ringe (vier Schuss 24er-Ringscheibe) (=29,9 %)
- Oberes Drittel: ab einschließlich 82 Ringe (vier Schuss 24er-Ringscheibe) (=34,0 %)

Bei der Überprüfung des Einflusses der Schießfähigkeit beim grob visierten Schießen auf das Schießen auf ein sich diagonal bewegendes oder statisches Ziel mittels mehrfaktorieller Varianzanalyse (drei Leistungsgruppen) mit Messwiederholung (dynamisches vs. statisches Ziel) findet sich der Haupteffekt der Leistung beim Präzisionsschießen als statistisch nicht signifikant (siehe Tabelle 27). Auch der Haupteffekt der Dynamik (statisches vs. dynamisches Ziel) erweist sich als statistisch (knapp) nicht signifikant (siehe Tabelle 26). Ebenso ist der Interaktionseffekt statistisch nicht signifikant (siehe Tabelle 26). Dies bedeutet, dass sich die drei Leistungsgruppen statistisch nicht hinsichtlich ihrer Schießleistungen beim Schießen auf ein statisches wie dynamisches Ziel unterscheiden. Auch ist die Schießleistung allgemein auf das dynamische Ziel nicht anders als die auf ein statisches Ziel.

*Tabelle 25: Deskriptive Statistik der Schießergebnisse beim Schießen auf ein statisches und ein dynamisches Ziel für die drei Leistungsgruppen beim grob visierten Schießen*

| | Qualität grob visiertes Schießen | Mittelwert | SD | N |
|---|---|---|---|---|
| Summe Treffer statisches Ziel | schlechte Schütz*innen | 2,2571 | ,78000 | 35 |
| | mittlere Schütz*innen | 2,4138 | ,73277 | 29 |
| | gute Schütz*innen | 2,4545 | ,75378 | 33 |
| Summe Treffer dynamisches Ziel | schlechte Schütz*innen | 2,0000 | 1,00000 | 35 |
| | mittlere Schütz*innen | 2,0690 | 1,03272 | 29 |
| | gute Schütz*innen | 2,4545 | ,75378 | 33 |

*Tabelle 26: Tests der Innersubjektkontraste*

| Quelle | Typ III Quadratsumme | df | Mittel der Quadrate | F | Sig. |
|---|---|---|---|---|---|
| Dynamik | 1,941 | 1 | 1,941 | 3,677 | ,058 |
| Dynamik * Qual_Deut | 1,020 | 2 | ,510 | ,967 | ,384 |
| Fehler (Dynamik) | 49,619 | 94 | ,528 | | |

*Tabelle 27: Tests der Zwischensubjekteffekte*

| Quelle | Typ III Quadratsumme | df | Mittel der Quadrate | F | Sig. |
|---|---|---|---|---|---|
| Konstanter Term | 997,754 | 1 | 997,754 | 1086,435 | <,001* |
| Qual_Deut | 3,693 | 2 | 1,847 | 2,011 | ,140 |
| Fehler | 86,327 | 94 | ,918 | | |

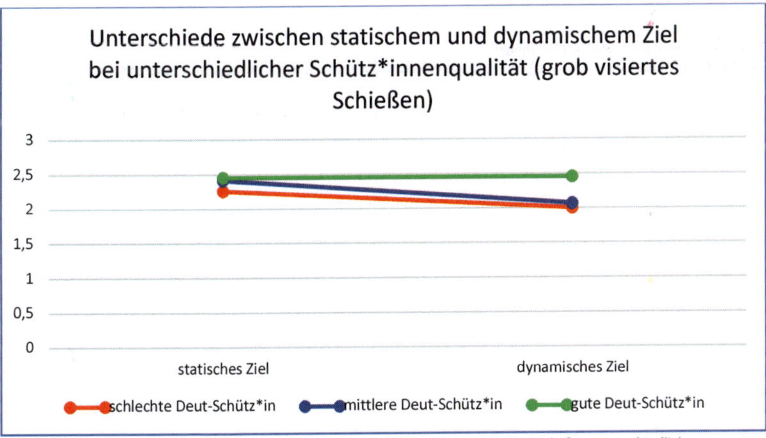


*Abbildung 14: Unterschiede der Trefferleistungen auf statische und dynamische Ziele für unterschiedliche Leistungsgruppen beim grob visierten Schießen*

#### *4.1.1.2.3.2 Schießgeschwindigkeit*

Um den Einfluss der Schießgeschwindigkeit zu prüfen, wurde die Summe der Treffer beim Schießen auf ein dynamisches Ziel mit den unterschiedlichen Schießzeiten korreliert. Es findet sich für jede Schießzeit des Schießens auf ein dynamisches Ziel ein statistisch signifikanter Zusammenhang mit der Trefferleistung beim Schießen auf ein dynamisches Ziel (siehe Tabelle 28). Dabei ist dieser Zusammenhang eher gering. Inhaltlich zeigt sich, dass je schneller geschossen wird, desto besser wird beim Schießen auf ein dynamisches Ziel getroffen. Ein ähnlicher Zusammenhang findet sich mit der Zeit für vier grob visierte Schüsse in der Basisübung. Die übrigen statischen Zusammenhänge erweisen sich als statistisch nicht signifikant.

*Tabelle 28: Statistische Zusammenhänge verschiedener Schießzeiten mit der Anzahl an Treffern beim Schießen auf ein dynamisches Ziel (diagonale Bewegung) (N=96)*

| | Summe Treffer dynamisches Ziel | |
|---|---|---|
| | Pearson-Korrelation | Sig. (2-seitig) |
| Zeit für 1. Schuss dynamisches Ziel | -,253* | ,012* |
| Zeit für 1. + 2. Schuss dynamisches Ziel | -,299** | ,003** |
| Zeit für 1. + 2. + 3. Schuss dynamisches Ziel | -,401** | <,001** |
| Zeit für 4 Präzisionsschüsse | -,122 | ,235 |
| Zeit für 4 grob visierte Schüsse | -,206* | ,043* |
| Zeit für 1. + 2. + 3. Schuss statisches Ziel | -,156 | ,129 |

#### *4.1.1.2.3.3 Schießtaktik*

Es findet sich kein statistisch signifikanter Unterschied der Trefferleistungen beim Schießen auf ein dynamisches Ziel zwischen den beiden Schießtaktiken (siehe Tabelle 31). Es macht also keinen Unterschied, ob das Ziel verfolgt wird oder ob auf es gewartet wird. Die Trefferleistung ist bei beiden Schießtaktiken gleich.

*Tabelle 29: Deskriptive Statistik für unterschiedliche Schießtaktiken*

| | N | Mittelwert | SD |
|---|---|---|---|
| Ziel verfolgend | 62 | 2,1129 | ,94270 |
| auf Ziel wartend | 35 | 2,2857 | ,95706 |

*Tabelle 30: Levene-Test der Varianzgleichheit für die unterschiedlichen Schießtaktiken*

| Levene-Test der Varianzgleichheit | | F | Sig. |
|---|---|---|---|
| Schießen in/aus der Bewegung | Varianzen gleich | ,070 | ,791 |
| | Varianzen gleich | | |

*Tabelle 31: T-Test für die unterschiedlichen Schießtaktiken*

| T-Test | T | df | Sig. (2-seitig) | mittlere Differenz | Standardfehler-differenz | Cohen's d |
|---|---|---|---|---|---|---|
| Varianzen gleich | -,862 | 95 | ,391 | -,17281 | ,20040 | -,182 |
| Varianzen ~~gleich~~ | -,859 | 69,776 | ,393 | -,17281 | ,20126 | |

#### *4.1.1.2.3.4 Übungsreihenfolge*

Es konnte kein Reihenfolgeeffekt geprüft werden, da versehentlich nur eine Reihenfolge (zuerst auf ein statisches Ziel schießen, danach auf ein dynamisches) praktiziert wurde.

#### 4.1.1.3 Zufällig

Teilgenommen haben 101 Schütz*innen. Bei fünf Teilnehmer*innen fehlten bei einem oder mehreren Ergebnissen Angaben (Anlage zeigte keinen Treffer oder die dazugehörige Zeit), sodass 96 vollständige Datensätze vorhanden waren.

##### *4.1.1.3.1 Basis-Schießfertigkeit*

###### *4.1.1.3.1.1 Präzisionsschuss auf 24er-Ringscheibe*

Im Mittel treffen die Versuchspersonen beim Präzisionsschießen je Schuss um die 21 Ringe und benötigen je Schuss im Durchschnitt circa vier Sekunden (siehe Tabelle 32). Der Mittelwert der mit vier Präzisionsschüssen auf die 24er-Ringscheibe erzielten Summen beträgt 83,77. Um diesen Wert streuen die Versuchspersonen (siehe Abbildung 15).

*Tabelle 32: Überblick über die Ergebnisse des Präzisionsschießens auf die 24er-Ringscheibe aus zehn Metern Entfernung (N=96)*

| | Schuss | | | | | | | | Serie | |
|---|---|---|---|---|---|---|---|---|---|---|
| | 1 | | 2 | | 3 | | 4 | | | |
| | Treffer | Zeit | Treffer | Zeit | Treffer | Zeit | Treffer | Zeit | Summe Treffer | Summe Zeit |
| **Ø** | 20,46 | 4,09 | 21,32 | 3,93 | 20,80 | 3,92 | 21,19 | 3,96 | 83,77 | 15,91 |
| **SD** | 3,52 | 1,30 | 2,09 | 0,90 | 2,83 | 1,03 | 2,35 | 1,12 | 6,94 | 3,66 |
| **Min** | 3 | 2,03 | 11 | 2,33 | 8 | 2,17 | 12 | 1,96 | 60 | 9,47 |
| **Max** | 24 | 7,77 | 24 | 6,21 | 24 | 7,60 | 24 | 7,81 | 95 | 27,09 |

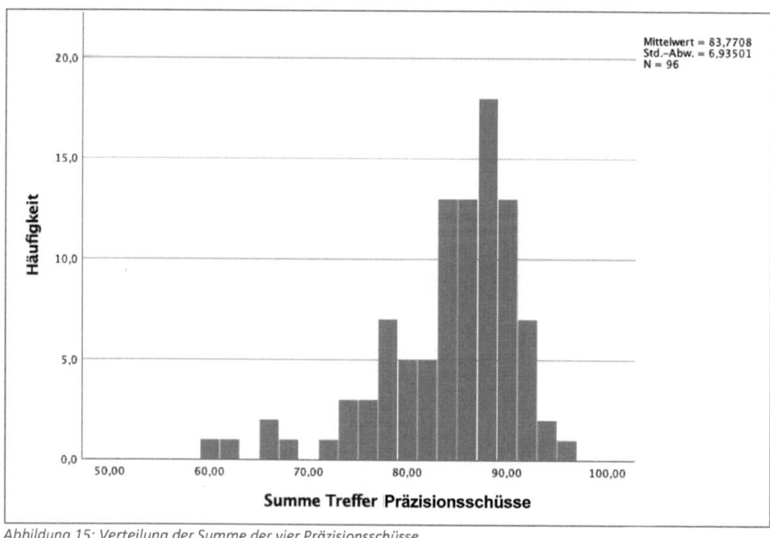


*Abbildung 15: Verteilung der Summe der vier Präzisionsschüsse*

#### *4.1.1.3.1.2 Grob visierter Schuss auf 24er-Ringscheibe*

Im Mittel treffen die Versuchspersonen beim grob visierten Schießen je Schuss ungefähr 19 bis 20 Ringe und benötigen je Schuss im Durchschnitt ungefähr zweieinhalb Sekunden (siehe Tabelle 33). Der Mittelwert der mit vier grob visierten Schüssen auf die 24er-Ringscheibe erzielten Summen beträgt 77,83. Um diesen streuen die Versuchspersonen (siehe Abbildung 16).

*Tabelle 33: Überblick über die Ergebnisse des grob visierten Schießens auf die 24er-Ringscheibe aus zehn Metern Entfernung (N=96)*

| | Schuss | | | | | | | | Serie | |
|---|---|---|---|---|---|---|---|---|---|---|
| | 1 | | 2 | | 3 | | 4 | | | |
| | Treffer | Zeit | Treffer | Zeit | Treffer | Zeit | Treffer | Zeit | Summe Treffer | Summe Zeit |
| **Ø** | 19,19 | 2,45 | 18,55 | 2,53 | 20,15 | 2,60 | 19,95 | 2,58 | 77,83 | 10,16 |
| **SD** | 4,15 | 0,56 | 3,74 | 0,56 | 2,95 | 0,59 | 3,20 | 0,50 | 8,84 | 1,68 |
| **Min** | 0 | 1,65 | 7 | 1,69 | 12 | 1,68 | 9 | 1,76 | 48 | 6,89 |
| **Max** | 24 | 5,29 | 24 | 5,53 | 24 | 4,83 | 24 | 4,56 | 92 | 14,44 |

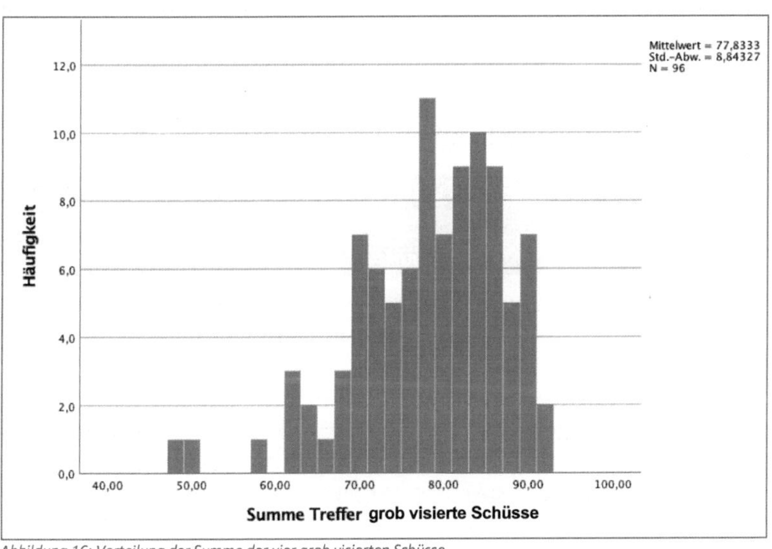


*Abbildung 16: Verteilung der Summe der vier grob visierten Schüsse*

Die Summe der Treffer der Präzisionsschüsse unterscheidet sich statistisch sehr signifikant (T=7,042, df=95, $Sig_{2\text{-seitig}}$ P=.000) von der Summe der Treffer der grob visierten Schüsse mit einer mittleren Effektstärke (Cohen`s d=.719).

#### 4.1.1.3.2 Experimentellel Schießbedingung

##### 4.1.1.3.2.1 Statisches Ziel

Beim Schießen auf ein statisches Ziel treffen 77 Versuchspersonen von 96 (=80,2 %) dieses mit dem ersten Schuss (siehe Tabelle 34). Mit dem zweiten Schuss sind noch 80 (=83,3 %) und mit dem dritten 73 (=76,0 %). Mehr als die Hälfte der Personen treffen mit allen drei Schüssen, ein Viertel treffen mit einem Schuss nicht. Jeder Zehnte trifft nur mit einem Schuss von dreien. Weniger als jeder Zwanzigste trifft keinmal das Ziel.

*Tabelle 34: Überblick über die Ergebnisse des Schießens auf ein statisches Ziel aus vier Metern Entfernung (N=96)*

| | Schuss | | | Trefferanzahl gesamte Serie | | | |
|---|---|---|---|---|---|---|---|
| | 1 Treffer | 2 Treffer | 3 Treffer | 0 | 1 | 2 | 3 |
| **Anzahl** | 77 | 80 | 73 | 4 | 11 | 24 | 57 |
| **%** | 80,2% | 83,3% | 76,0% | 4,2% | 11,5% | 25,0% | 59,4% |
| **Ø Zeit** (kumuliert) | 2,03 | 2,56 | 3,04 | | | | |
| **SD-Zeit** | 0,46 | 0,54 | 0,59 | | | | |
| **Min-Zeit** | 1,44 | 1,82 | 2,10 | | | | |
| **Max-Zeit** | 3,89 | 4,45 | 5,32 | | | | |

##### 4.1.1.3.2.2 Zufällig bewegendes Ziel

Beim Schießen auf ein sich zufällig bewegendes Ziel treffen 59 Versuchspersonen von 96 (=61,5 %) dieses mit dem ersten Schuss (siehe Tabelle 35). Mit dem zweiten Schuss sind es noch 52 (=54,2 %) und mit dem dritten 50 (=52,1 %). Nur etwa jede siebte Person trifft mit allen drei Schüssen, ungefähr die Hälfte trifft mit einem Schuss nicht. Ein Viertel trifft nur mit einem Schuss von dreien. Jeder Zehnte trifft keinmal das Ziel.

*Tabelle 35: Überblick über die Ergebnisse des Schießens auf ein dynamisches Ziel (zufällige Bewegung) aus vier Metern Entfernung (N=96)*

| | Schuss | | | Trefferanzahl gesamte Serie | | | |
|---|---|---|---|---|---|---|---|
| | 1 Treffer | 2 Treffer | 3 Treffer | 0 | 1 | 2 | 3 |
| **Anzahl** | 59 | 52 | 50 | 11 | 24 | 46 | 15 |
| **%** | 61,5 % | 54,2 % | 52,1 % | 11,5 % | 25,0 % | 47,9 % | 15,6 % |
| **Ø Zeit** (kumuliert) | 1,88 | 2,66 | 3,38 | | | | |
| **SD-Zeit** | 0,30 | 0,45 | 0,58 | | | | |
| **Min-Zeit** | 1,29 | 1,78 | 2,17 | | | | |
| **Max-Zeit** | 3,12 | 4,27 | 4,54 | | | | |

Der Unterschied zwischen der Summe der Treffer beim Schießen auf ein statisches Ziel zur Summe der Treffer beim Schießen auf ein dynamisches, sich zufällig bewegendes Ziel ist statistisch sehr signifikant (T=6,179, df=95, $Sig_{2\text{-seitig}}$ P=.001) mit einer mittleren Effektstärke (Cohen`s d=.631). Dies bedeutet, dass die Personen auf ein dynamisches, sich zufällig bewegendes Ziel schlechter treffen als auf ein statisches Ziel.

##### *4.1.1.3.3 Einflüsse*

###### *4.1.1.3.3.1 Grundlegende Schießfertigkeit*

###### *4.1.1.3.3.1.1 Präzisionsschießen*

Um zu prüfen, ob die Schießfähigkeit beim Präzisionsschießen auf das Schießen auf ein sich bewegendes bzw. statisches Ziel Einfluss hat, wurden die Versuchspersonen gemäß ihrer Leistung beim Präzisionsschießen in drei Gruppen aufgeteilt:

- Unteres Drittel: bis einschließlich 83 Ringe (vier Schuss 24er-Ringscheibe) (=36,5 %)
- Mittleres Drittel: 84–87 Ringe (vier Schuss 24er-Ringscheibe) (=33,3 %)
- Oberes Drittel: ab einschließlich 88 Ringe (vier Schuss 24er-Ringscheibe) (=30,2 %)

Bei der Überprüfung des Einflusses der Schießfähigkeit beim Präzisionsschießen auf das Schießen auf ein sich zufällig bewegendes bzw. statisches Ziel mittels mehrfaktorieller Varianzanalyse (drei Leistungsgruppen) mit Messwiederholung (dynamisches vs. statisches Ziel) erweist sich der Haupteffekt der Leistung beim Präzisionsschießen als statistisch signifikant (siehe Tabelle 38). Ebenso ist der Haupteffekt der Dynamik (dynamisches vs. statisches Ziel) statistisch sehr signifikant (siehe Tabelle 37). Der Interaktionseffekt ist statistisch nicht signifikant. Dies bedeutet, dass sich die drei Leistungsgruppen statistisch signifikant hinsichtlich ihrer Schießleistungen unterscheiden und das Schießen auf ein statisches Ziel zu mehr Treffern führt als auf ein dynamisches.

*Tabelle 36: Deskriptive Statistik der Schießergebnisse beim Schießen auf ein statisches und ein dynamisches Ziel für die drei Leistungsgruppen beim Präzisionsschießen*

| | **Qualität Präzschießen** | **Mittelwert** | **SD** | **N** |
|---|---|---|---|---|
| Summe Treffer statisches Ziel | schlechte Präz-Schütz*innen | 2,1429 | 1,03307 | 35 |
| | mittlere Präz-Schütz*innen | 2,3750 | ,83280 | 32 |
| | gute Präz-Schütz*innen | 2,7241 | ,45486 | 29 |
| Summe Treffer dynamisches Ziel | schlechte Präz-Schütz*innen | 1,5143 | ,95090 | 35 |
| | mittlere Präz-Schütz*innen | 1,6562 | ,82733 | 32 |
| | gute Präz-Schütz*innen | 1,8966 | ,81700 | 29 |

*Tabelle 37: Tests der Innersubjektkontraste*

| Quelle | Typ III Quadratsumme | df | Mittel der Quadrate | F | Sig. |
|---|---|---|---|---|---|
| Dynamik | 25,080 | 1 | 25,080 | 37,994 | <,001** |
| Dynamik * Qual_Präz | ,314 | 2 | ,157 | ,238 | ,789 |
| Fehler(Dynamik) | 61,389 | 93 | ,660 | | |

*Tabelle 38: Tests der Zwischensubjekteffekte*

| Quelle | Typ III Quadratsumme | df | Mittel der Quadrate | F | Sig. |
|---|---|---|---|---|---|
| Konstanter Term | 803,323 | 1 | 803,323 | 1025,646 | <,001 |
| Qual_Präz | 7,404 | 2 | 3,702 | 4,726 | ,011* |
| Fehler | 72,841 | 93 | ,783 | | |

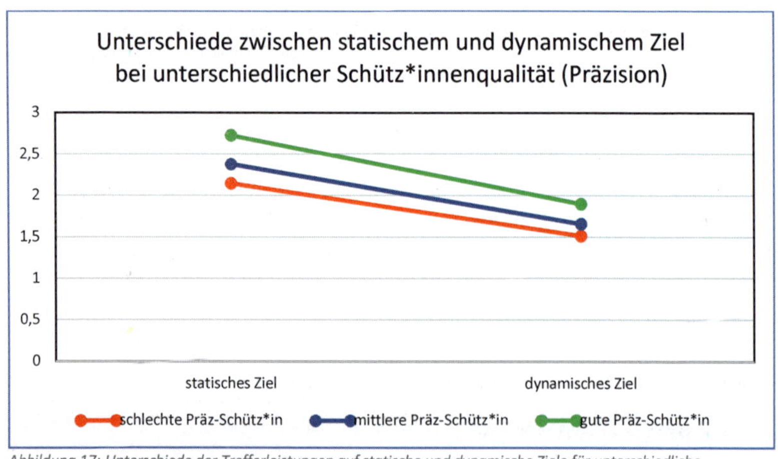


*Abbildung 17: Unterschiede der Trefferleistungen auf statische und dynamische Ziele für unterschiedliche Leistungsgruppen beim Präzisionsschießen*

##### *4.1.1.3.3.1.2 Grob visiertes Schießen*

Um zu prüfen, ob die Schießfähigkeit beim grob visierten Schießen auf das Schießen auf ein sich zufällig bewegendes oder statisches Ziel Einfluss hat, wurden die Versuchspersonen gemäß ihrer Leistung beim grob visierten Schießen in drei Gruppen aufgeteilt:

- Unteres Drittel: bis einschließlich 75 Ringe (vier Schuss 24er-Ringscheibe) (=34,4 %)
- Mittleres Drittel 76–82 Ringe (vier Schuss 24er-Ringscheibe) (=31,1 %)

- Oberes Drittel: ab einschließlich 83 Ringe (vier Schuss 24er-Ringscheibe) (=34,4 %)

Bei der Überprüfung des Einflusses der Schießfähigkeit beim grob visierten Schießen auf das Schießen auf ein sich zufällig bewegendes oder ein statisches Ziel mittels mehrfaktorieller Varianzanalyse (drei Leistungsgruppen) mit Messwiederholung (dynamisches vs. statisches Ziel) findet sich der Haupteffekt der Leistung beim Präzisionsschießen als statistisch nicht signifikant (siehe Tabelle 41). Der Haupteffekt der Dynamik (statisches vs. dynamisches Ziel) erweist sich als statistisch sehr signifikant (siehe Tabelle 40). Der Interaktionseffekt zeigt sich als statistisch nicht signifikant (siehe Tabelle 40 und Tabelle 26). Dies bedeutet, dass sich die drei Leistungsgruppen statistisch nicht signifikant hinsichtlich ihrer Schießleistungen beim Schießen auf ein statisches wie dynamisches Ziel unterscheiden. Die Leistung beim Schießen auf ein statisches Ziel ist besser als beim Schießen auf ein dynamisches Ziel.

*Tabelle 39: Deskriptive Statistik der Schießergebnisse beim Schießen auf ein statisches und ein dynamisches Ziel für die drei Leistungsgruppen beim grob visierten Schießen*

| | Qualität grob visiertes Schießen | Mittelwert | Standard-abweichung | N |
|---|---|---|---|---|
| Summe Treffer statisches Ziel | schlechte Schütz*innen | 2,2121 | ,92728 | 33 |
| | mittlere Schütz*innen | 2,4000 | ,89443 | 30 |
| | gute Schütz*innen | 2,5758 | ,70844 | 33 |
| Summe Treffer dynamisches Ziel | schlechte Schütz*innen | 1,7879 | ,78093 | 33 |
| | mittlere Schütz*innen | 1,4667 | 1,07425 | 30 |
| | gute Schütz*innen | 1,7576 | ,75126 | 33 |

*Tabelle 40: Tests der Innersubjektkontraste*

| Quelle | Typ III Quadratsumme | df | Mittel der Quadrate | F | Sig. |
|---|---|---|---|---|---|
| Dynamik | 25,197 | 1 | 25,197 | 39,437 | <,001** |
| Dynamik * Qual_Deut | 2,285 | 2 | 1,142 | 1,788 | ,173 |
| Fehler (Dynamik) | 59,418 | 93 | ,639 | | |

*Tabelle 41: Tests der Zwischensubjekteffekte*

| Quelle | Typ III Quadratsumme | df | Mittel der Quadrate | F | Sig. |
|---|---|---|---|---|---|
| Konstanter Term | 792,213 | 1 | 792,213 | 939,742 | <,001 |
| Qual_Deut | 1,845 | 2 | ,922 | 1,094 | ,339 |
| Fehler | 78,400 | 93 | ,843 | | |

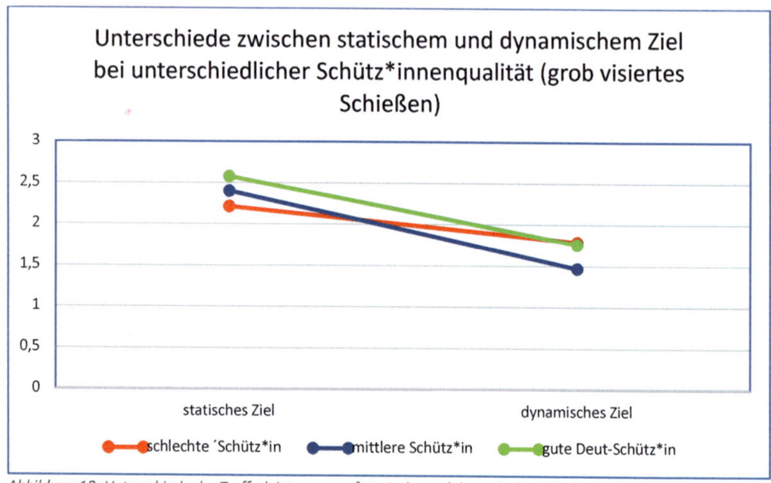


*Abbildung 18: Unterschiede der Trefferleistungen auf statische und dynamische Ziele für unterschiedliche Leistungsgruppen beim grob visierten Schießen*

#### *4.1.1.3.3.2 Schießgeschwindigkeit*

Um den Einfluss der Schießgeschwindigkeit zu prüfen, wurde die Summe der Treffer beim Schießen auf ein dynamisches Ziel mit den unterschiedlichen Schießzeiten korreliert. Es findet sich für keine Schießzeit ein statistisch signifikanter Zusammenhang mit der Trefferleistung beim Schießen auf ein dynamisches Ziel (siehe Tabelle 42).

*Tabelle 42: Statistische Zusammenhänge verschiedener Schießzeiten mit der Anzahl an Treffern beim Schießen auf ein dynamisches Ziel (horizontale Bewegung) (N=96)*

| | **Summe Treffer dynamisches Ziel** | |
|---|---|---|
| | Pearson-Korrelation | Sig. (2-seitig) |
| Zeit für 1. Schuss dynamisches Ziel | -,053 | ,609 |
| Zeit für 1. + 2. Schuss dynamisches Ziel | -,083 | ,421 |
| Zeit für 1. + 2. + 3. Schuss dynamisches Ziel | ,069 | ,512 |
| Zeit für 4 Präzisionsschüsse | ,091 | ,380 |
| Zeit für 4 grob visierte Schüsse | -,112 | ,279 |
| Zeit für 1. + 2. + 3. Schuss statisches Ziel | -,151 | ,143 |

#### *4.1.1.3.3.3 Schießtaktik*

Es findet sich kein statistisch signifikanter Unterschied der Trefferleistungen beim Schießen auf ein dynamisches Ziel zwischen den beiden Schießtaktiken (siehe Tabelle 45). Es macht also keinen Unterschied, ob das Ziel verfolgt wird oder ob auf es gewartet wird. Die Trefferleistung ist bei beiden Schießtaktiken gleich.

*Tabelle 43: Deskriptive Statistik für unterschiedliche Schießtaktiken*

| | N | Mittelwert | Standardabweichung |
|---|---|---|---|
| Ziel verfolgend | 63 | 1,6667 | ,91581 |
| auf Ziel wartend | 29 | 1,6897 | ,84951 |

*Tabelle 44: Levene-Test der Varianzgleichheit für die unterschiedlichen Schießtaktiken*

| Levene-Test der Varianzgleichheit | | F | Sig. |
|---|---|---|---|
| Schießen in/aus der Bewegung | Varianzen gleich | ,509 | ,477 |
| | Varianzen ~~gleich~~ | | |

*Tabelle 45: T-Test für die unterschiedlichen Schießtaktiken*

| T-Test | T | df | Sig. (2-seitig) | mittlere Differenz | Standardfehler-differenz | Cohen's d |
|---|---|---|---|---|---|---|
| Varianzen gleich | -,114 | 90 | ,909 | -,02299 | ,20100 | -,026 |
| Varianzen ~~gleich~~ | -,118 | 58,421 | ,907 | -,02299 | ,19544 | |

#### *4.1.1.3.3.4 Übungsreihenfolge*

Es findet sich beim Schießen auf statisches Ziel ein statistisch signifikanter Unterschied der Trefferleistungen zwischen den beiden Reihenfolgen (siehe Tabelle 48). Beim Schießen auf ein statisches Ziel ist die Leistung höher, wenn zunächst auf ein dynamisches Ziel und dann auf das statische Ziel geschossen wird. Beim dynamischen Ziel spielt die Reihenfolge der beiden Übungen keine statistisch signifikante Rolle. Hier macht es keinen Unterschied, ob zunächst auf das statische Ziel und dann auf das dynamische Ziel geschossen wird oder umgekehrt. Die Trefferleistung ist beim Schießen auf ein dynamisches Ziel bei beiden Reihenfolgen gleich.

*Tabelle 46: Deskriptive Statistik für die beiden Reihenfolgen*

| | Reihenfolge | N | Mittelwert | SD |
|---|---|---|---|---|
| statisches Ziel | 1. statisch – 2. dynamisch | 68 | 2,2794 | ,91171 |
| | 1. dynamisch – 2. statisch | 28 | 2,6786 | ,61183 |
| dynamisches Ziel | 1. statisch – 2. dynamisch | 68 | 1,5882 | ,91807 |
| | 1. dynamisch – 2. statisch | 28 | 1,8929 | ,73733 |

*Tabelle 47: Levene-Test der Varianzgleichheit für die unterschiedlichen Reihenfolgen*

| Levene-Test der Varianzgleichheit | | F | Sig. |
|---|---|---|---|
| statisches Ziel | Varianzen gleich | 7,462 | ,008 |
| | Varianzen ~~gleich~~ | | |
| dynamisches Ziel | Varianzen gleich | 5,650 | ,019 |
| | Varianzen ~~gleich~~ | | |

*Tabelle 48: T-Test für die unterschiedlichen Reihenfolgen*

| T-Test | | T | df | Sig. (2-seitig) | mittlere Differenz | Standard-fehler-differenz | Cohen' |
|---|---|---|---|---|---|---|---|
| stehend | Varianzen gleich | -2,125 | 94 | ,036* | -,39916 | ,18786 | -,47 |
| | Varianzen ~~gleich~~ | -2,495 | 74,011 | ,015 | -,39916 | ,15998 | |
| sich bewegend | Varianzen gleich | -1,559 | 94 | ,122 | -,30462 | ,19535 | -,35 |
| | Varianzen ~~gleich~~ | -1,708 | 62,252 | ,093 | -,30462 | ,17836 | |

### 4.1.2 Bewegungsgeschwindigkeit

#### 4.1.2.1 Langsam

Langsam entspricht der Untersuchungsbedingung „horizontal“ (siehe 4.1.1.1).

#### 4.1.2.2 Schnell

Teilgenommen haben 106 Schütz*innen. Bei zwei Teilnehmer*innen fehlten bei einem oder mehreren Ergebnissen Angaben (Anlage zeigte keinen Treffer oder die dazugehörige Zeit), sodass 104 vollständige Datensätze vorhanden waren.

##### *4.1.2.2.1 Basis-Schießfertigkeit*

###### *4.1.2.2.1.1 Präzisionsschuss auf 24er-Ringscheibe*

Im Mittel treffen die Versuchspersonen beim Präzisionsschießen je Schuss ca. 21 Ringe und benötigen je Schuss im Durchschnitt ca. 3,5 Sekunden (siehe Tabelle 49). Der Mittelwert der mit vier Präzisionsschüssen auf die 24er-Ringscheibe erzielten Summen beträgt 84,24. Um diesen Wert streuen die Versuchspersonen (siehe Abbildung 19).

*Tabelle 49: Überblick über die Ergebnisse des Präzisionsschießens auf die 24er-Ringscheibe aus zehn Metern Entfernung (N=104)*

| | **Schuss** | | | | | | | | **Serie** | |
|---|---|---|---|---|---|---|---|---|---|---|
| | **1** | | **2** | | **3** | | **4** | | | |
| | Treffer | Zeit | Treffer | Zeit | Treffer | Zeit | Treffer | Zeit | Summe Treffer | Summe Zeit |
| **ø** | 20,91 | 3,57 | 21,28 | 3,61 | 21,05 | 3,47 | 21,00 | 3,54 | 84,24 | 14,19 |
| **SD** | 2,82 | 0,86 | 2,63 | 0,85 | 2,91 | 0,85 | 2,77 | 0,85 | 7,69 | 2,71 |
| **Min** | 7 | 2,15 | 11 | 2,04 | 8 | 2,23 | 8 | 2,21 | 59 | 9,28 |
| **Max** | 24 | 7,98 | 24 | 6,72 | 24 | 7,59 | 24 | 6,10 | 96 | 23,49 |

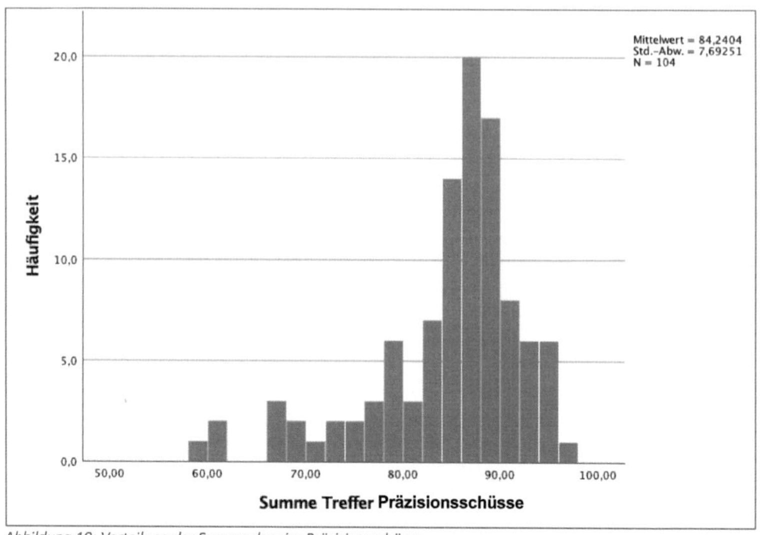


*Abbildung 19: Verteilung der Summe der vier Präzisionsschüsse*

### *4.1.2.2.1.2 Grob visierter Schuss auf 24er-Ringscheibe*

Im Mittel treffen die Versuchspersonen beim grob visierten Schießen je Schuss fast 20 Ringe und benötigen je Schuss im Durchschnitt knapp zweieinhalb Sekunden (siehe Tabelle 50). Der Mittelwert der mit vier grob visierten Schüssen auf die 24er-Ringscheibe erzielten Summen beträgt 77,78. Um diesen streuen die Versuchspersonen (siehe Abbildung 20).

*Tabelle 50: Überblick über die Ergebnisse des grob visierten Schießens auf die 24er-Ringscheibe aus zehn Metern Entfernung (N=104)*

| | **Schuss** | | | | | | | | **Serie** | |
|---|---|---|---|---|---|---|---|---|---|---|
| | **1** | | **2** | | **3** | | **4** | | | |
| | Treffer | Zeit | Treffer | Zeit | Treffer | Zeit | Treffer | Zeit | Summe Treffer | Summ Zeit |
| **Ø** | 19,07 | 2,34 | 19,13 | 2,44 | 19,79 | 2,45 | 19,79 | 2,48 | 77,78 | 9,70 |
| **SD** | 4,04 | 0,45 | 3,90 | 0,51 | 2,98 | 0,54 | 2,92 | 0,54 | 9,67 | 1,79 |
| **Min** | 7 | 1,46 | 4 | 1,58 | 11 | 9 | 9 | 1,69 | 32 | 6,62 |
| **Max** | 24 | 3,78 | 24 | 4,20 | 24 | 24 | 24 | 5,34 | 92 | 14,83 |

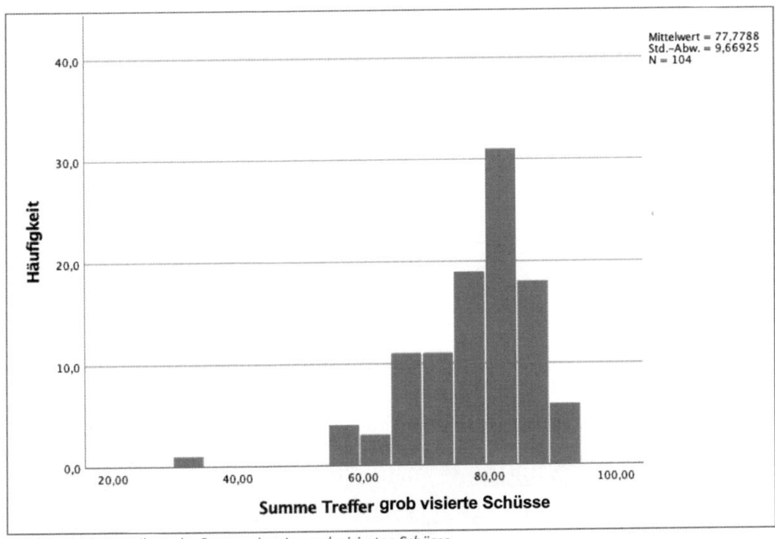


*Abbildung 20: Verteilung der Summe der vier grob visierten Schüsse*

Die Summe der Treffer der Präzisionsschüsse unterscheidet sich statistisch sehr signifikant (T=6,327, df=103, Sig$_{2\text{-seitig}}$ P=.000) von der Summe der Treffer der grob visierten Schüsse mit einer mittleren Effektstärke (Cohen`s d=.620).

#### *4.1.2.2.2 Experimentelle Schießbedingung*

##### *4.1.2.2.2.1 Statisches Ziel*

Beim Schießen auf ein statisches Ziel treffen 79 Versuchspersonen von 104 (=76,0 %) dieses mit dem ersten Schuss (siehe Tabelle 51). Mit dem zweiten Schuss sind es 88 (=84,6 %) und mit dem dritten 82 (=79,6 %). Etwas mehr als die Hälfte der Personen trifft mit allen drei Schüssen, ein Drittel trifft mit einem Schuss nicht. Jeder Zehnte trifft nur mit einem Schuss von dreien. Weniger als jeder Fünfzigste trifft keinmal das Ziel.

*Tabelle 51: Überblick über die Ergebnisse des Schießens auf ein statisches Ziel aus vier Metern Entfernung (N=1044)*

| | Schuss | | | Trefferanzahl gesamte Serie | | | |
|---|---|---|---|---|---|---|---|
| | 1 Treffer | 2 Treffer | 3 Treffer | 0 | 1 | 2 | 3 |
| **Anzahl** | 79 | 88 | 82 | 2 | 10 | 36 | 55 |
| **%** | 76,0 % | 84,6 % | 79,6 % | 1,9 % | 9,7 % | 35,0 % | 53,4 % |
| **Ø Zeit** (kumuliert) | 1,93 | 2,47 | 2,98 | | | | |
| **SD-Zeit** | 0,30 | 0,38 | 0,49 | | | | |
| **Min-Zeit** | 1,05 | 1,77 | 1,71 | | | | |
| **Max-Zeit** | 2,83 | 3,75 | 4,67 | | | | |

###### *4.1.2.2.2.2 Schießen auf ein sich schnell bewegendes Ziel*

Beim Schießen auf ein sich schnell bewegendes Ziel treffen 57 Versuchspersonen von 104 (=54,8 %) dieses mit dem ersten Schuss (siehe Tabelle 52). Mit dem zweiten Schuss sind es 58 (=55,8 %) und mit dem dritten 53 (=51,0 %). Ein Viertel der Personen trifft mit allen drei Schüssen, etwas weniger als ein Drittel trifft mit einem Schuss nicht. Ein weiteres Drittel trifft nur mit einem Schuss von dreien. Fast jeder Fünfte trifft keinmal das Ziel.

*Tabelle 52: Überblick über die Ergebnisse des Schießens auf ein dynamisches Ziel (schnelle horizontale Bewegung) aus vier Metern Entfernung (N=104)*

| | Schuss | | | Trefferanzahl gesamte Serie | | | |
|---|---|---|---|---|---|---|---|
| | 1 Treffer | 2 Treffer | 3 Treffer | 0 | 1 | 2 | 3 |
| **Anzahl** | 57 | 58 | 53 | 18 | 31 | 28 | 27 |
| **%** | 54,8 % | 55,8 % | 51,0 % | 17,3 % | 29,8 % | 26,9 % | 26,0 % |
| **Ø Zeit** (kumuliert) | 1,98 | 2,66 | 3,41 | | | | |
| **SD-Zeit** | 0,28 | 0,33 | 0,41 | | | | |
| **Min-Zeit** | 1,35 | 1,91 | 2,43 | | | | |
| **Max-Zeit** | 2,94 | 3,78 | 4,38 | | | | |

Der Unterschied zwischen der Summe der Treffer beim Schießen auf ein statisches Ziel zur Summe der Treffer beim Schießen auf ein dynamisches, sich schnell bewegendes Ziel ist statistisch sehr signifikant (T=6,336, df=102, $Sig_{2\text{-seitig}}$ P=.001) mit einer mittleren Effektstärke (Cohen`s d=.624). Dies bedeutet, dass die Personen auf ein dynamisches, sich schnell bewegendes Ziel schlechter treffen als auf ein statisches Ziel.

##### *4.1.2.2.3 Einflüsse*

###### *4.1.2.2.3.1 Grundlegende Schießfertigkeit*

###### *4.1.2.2.3.1.1 Präzisionsschießen*

Um zu prüfen, ob die Schießfähigkeit beim Präzisionsschießen auf das Schießen auf ein sich bewegendes bzw. statisches Ziel Einfluss hat, wurden die Versuchspersonen gemäß ihrer Leistung beim Präzisionsschießen in drei Gruppen aufgeteilt:

- Unteres Drittel: bis einschließlich 83 Ringe (vier Schuss 24er-Ringscheibe) (=30,8 %)
- Mittleres Drittel: 84–87 Ringe (vier Schuss 24er-Ringscheibe) (=32,7 %)
- Oberes Drittel: ab einschließlich 88 Ringe (vier Schuss 24er-Ringscheibe) (=36,5 %)

Bei der Überprüfung des Einflusses der Schießfähigkeit beim Präzisionsschießen auf das Schießen auf ein sich schnell bewegendes Ziel bzw. statisches Ziel mittels mehrfaktorieller Varianzanalyse (drei Leistungsgruppen) mit Messwiederholung (dynamisches vs. statisches Ziel) erweist sich der Haupteffekt der Leistung beim Präzisionsschießen als statistisch nicht signifikant (siehe Tabelle 55). Der Haupteffekt der Dynamik (dynamisches vs. statisches Ziel) ist statistisch sehr signifikant. Der Interaktionseffekt ist statistisch nicht signifikant (siehe Tabelle 54). Dies bedeutet, dass sich die drei Leistungsgruppen statistisch nicht hinsichtlich ihrer Schießleistungen unterscheiden. Dabei sind die Leistungen auf ein statisches Ziel besser als auf ein dynamisches.

*Tabelle 53: Deskriptive Statistik der Schießergebnisse beim Schießen auf ein statisches und ein dynamisches Ziel für die drei Leistungsgruppen beim Präzisionsschießen*

| | Qualität Präzschießen | Mittelwert | SD | N |
|---|---|---|---|---|
| Summe Treffer statisches Ziel | schlechte Präz-Schütz*innen | 2,4687 | ,71772 | 32 |
| | mittlere Präz-Schütz*innen | 2,2059 | ,80827 | 34 |
| | gute Präz-Schütz*innen | 2,5135 | ,69208 | 37 |
| Summe Treffer dynamisches Ziel | schlechte Präz-Schütz*innen | 1,5938 | ,91084 | 32 |
| | mittlere Präz-Schütz*innen | 1,4412 | 1,07847 | 34 |
| | gute Präz-Schütz*innen | 1,8108 | 1,15079 | 37 |

*Tabelle 54: Tests der Innersubjektkontraste*

| Quelle | Typ III Quadratsumme | df | Mittel der Quadrate | F | Sig. |
|---|---|---|---|---|---|
| Dynamik | 31,286 | 1 | 31,286 | 39,767 | <,001** |
| Dynamik * Qual_Präz | ,258 | 2 | ,129 | ,164 | ,849 |
| Fehler (Dynamik) | 78,674 | 100 | ,787 | | |

*Tabelle 55: Tests der Zwischensubjekteffekte*

| Quelle | Typ III Quadratsumme | df | Mittel der Quadrate | F | Sig. |
|---|---|---|---|---|---|
| Konstanter Term | 825,729 | 1 | 825,729 | 939,675 | <,001 |
| Qual_Präz | 4,107 | 2 | 2,053 | 2,337 | ,102 |
| Fehler | 87,874 | 100 | ,879 | | |

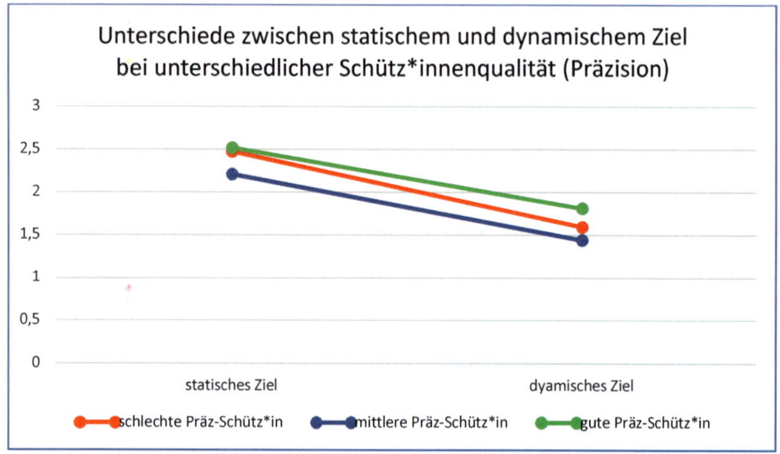


*Abbildung 21: Unterschiede der Trefferleistungen auf statische und dynamische Ziele für unterschiedliche Leistungsgruppen beim Präzisionsschießen*

*4.1.2.2.3.1.2 Grob visiertes Schießen*

Um zu prüfen, ob die Schießfähigkeit beim grob visierten Schießen auf das Schießen auf ein sich bewegendes bzw. statisches Ziel Einfluss hat, wurden die Versuchspersonen gemäß ihrer Leistung beim grob visierten Schießen in drei Gruppen aufgeteilt:

- Unteres Drittel: bis einschließlich 76 Ringe (vier Schuss 24er-Ringscheibe) (=33,7 %)
- Mittleres Drittel 77–82 Ringe (vier Schuss 24er-Ringscheibe) (=33,6 %)
- Oberes Drittel: ab einschließlich 83 Ringe (vier Schuss 24er-Ringscheibe) (=32,7 %)

Bei der Überprüfung des Einflusses der Schießfähigkeit beim grob visierten Schießen auf das Schießen auf ein sich schnell bewegendes Ziel bzw. ein statisches Ziel mittels mehrfaktorieller Varianzanalyse (drei Leistungsgruppen) mit Messwiederholung (dynamisches vs. statisches Ziel) findet sich der Haupteffekt der Leistung beim grob visierten Schießen als statistisch signifikant (siehe Tabelle 58). Auch der Haupteffekt der Dynamik (statisches vs. dynamisches Ziel) ist statistisch sehr signifikant (siehe Tabelle 57). Der Interaktionseffekt zeigt sich als statistisch nicht signifikant (siehe Tabelle 57). Dies bedeutet, dass sich die drei Leistungsgruppen statistisch signifikant hinsichtlich ihrer Schießleistungen beim Schießen unterscheiden. Dabei sind die Leistungen auf ein statisches Ziel besser als auf ein dynamisches.

*Tabelle 56: Deskriptive Statistik der Schießergebnisse beim Schießen auf ein statisches und ein dynamisches Ziel für die drei Leistungsgruppen beim grob visierten Schießen*

| | Qualität grob visiertes Schießen | Mittelwert | SD | N |
|---|---|---|---|---|
| Summe Treffer statisches Ziel | schlechte Schütz*innen | 2,3143 | ,79600 | 35 |
| | mittlere Schütz*innen | 2,4571 | ,74134 | 35 |
| | gute Schütz*innen | 2,4242 | ,70844 | 33 |
| Summe Treffer dynamisches Ziel | schlechte Schütz*innen | 1,2286 | 1,03144 | 35 |
| | mittlere Schütz*innen | 1,8000 | 1,02326 | 35 |
| | gute Schütz*innen | 1,8485 | 1,03444 | 33 |

*Tabelle 57: Tests der Innersubjektkontraste*

| Quelle | Typ III Quadratsumme | df | Mittel der Quadrate | F | Sig. |
|---|---|---|---|---|---|
| Dynamik | 30,739 | 1 | 30,739 | 40,263 | <,001** |
| Dynamik * Qual_Deut | 2,587 | 2 | 1,294 | 1,695 | ,189 |
| Fehler (Dynamik) | 76,345 | 100 | ,763 | | |

*Tabelle 58: Tests der Zwischensubjekteffekte*

| Quelle | Typ III Quadratsumme | df | Mittel der Quadrate | F | Sig. |
|---|---|---|---|---|---|
| Konstanter Term | 833,377 | 1 | 833,377 | 969,511 | <,001 |
| Qual_Deut | 6,022 | 2 | 3,011 | 3,503 | ,034* |
| Fehler | 85,958 | 100 | ,860 | | |

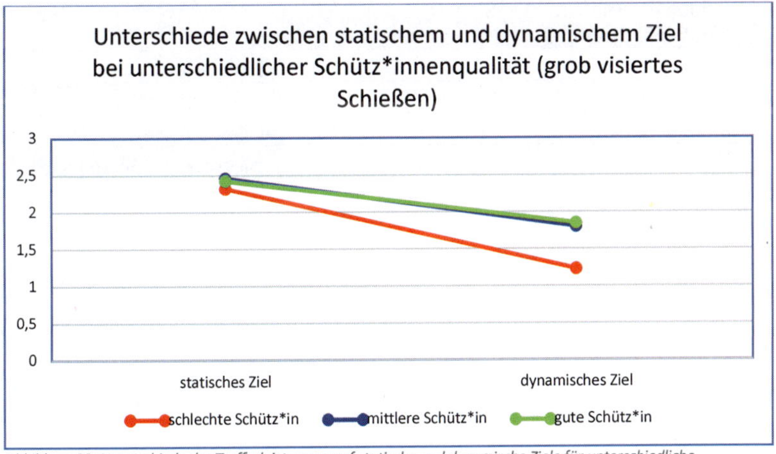


*Abbildung 22: Unterschiede der Trefferleistungen auf statische und dynamische Ziele für unterschiedliche Leistungsgruppen beim grob visierten Schießen*

#### *4.1.2.2.3.2 Schießgeschwindigkeit*

Um den Einfluss der Schießgeschwindigkeit zu prüfen, wurde die Summe der Treffer beim Schießen auf ein dynamisches Ziel mit den unterschiedlichen Schießzeiten korreliert. Es findet sich für keine Schießzeit ein statistisch signifikanter Zusammenhang mit der Trefferleistung beim Schießen auf ein dynamisches Ziel (siehe Tabelle 59).

*Tabelle 59: Statistische Zusammenhänge verschiedener Schießzeiten mit der Anzahl an Treffern beim Schießen auf ein dynamisches Ziel (horizontale Bewegung) (N=104)*

| | **Summe Treffer dynamisches Ziel** | |
|---|---|---|
| | Pearson-Korrelation | Sig. (2-seitig) |
| Zeit für 1. Schuss dynamisches Ziel | ,018 | ,856 |
| Zeit für 1. + 2. Schuss dynamisches Ziel | -,079 | ,424 |
| Zeit für 1. + 2. + 3. Schuss dynamisches Ziel | -,094 | ,343 |
| Zeit für 4 Präzisionsschüsse | ,111 | ,260 |
| Zeit für 4 grob visierte Schüsse | -,036 | ,714 |
| Zeit für 1. + 2. + 3. Schuss statisches Ziel | -,008 | ,938 |

#### *4.1.2.2.3.3 Schießtaktik*

Es findet sich kein statistisch signifikanter Unterschied der Trefferleistungen beim Schießen auf ein dynamisches Ziel zwischen den beiden Schießtaktiken (siehe Tabelle 62). Es macht also keinen Unterschied, ob das Ziel verfolgt wird oder ob auf es gewartet wird. Die Trefferleistung ist bei beiden Schießtaktiken gleich.

*Tabelle 60: Deskriptive Statistik für unterschiedliche Schießtaktiken*

| | N | Mittelwert | SD |
|---|---|---|---|
| Ziel verfolgend | 78 | 1,5897 | 1,06217 |
| auf Ziel wartend | 26 | 1,6923 | 1,04954 |

*Tabelle 61: Levene-Test der Varianzgleichheit für die unterschiedlichen Schießtaktiken*

| Levene-Test der Varianzgleichheit | | F | Sig. |
|---|---|---|---|
| Schießen in/aus der Bewegung | Varianzen gleich | ,125 | ,725 |
| | Varianzen ~~gleich~~ | | |

*Tabelle 62: T-Test für die unterschiedlichen Schießtaktiken*

| T-Test | T | df | Sig. (2-seitig) | mittlere Differenz | Standardfehler-differenz | Cohen's |
|---|---|---|---|---|---|---|
| Varianzen gleich | -,428 | 102 | ,670 | -,10256 | ,23984 | -,097 |
| Varianzen ~~gleich~~ | -,430 | 43,344 | ,669 | -,10256 | ,23839 | |

#### *4.1.2.2.3.4 Übungsreihenfolge*

Es findet sich kein statistisch signifikanter Unterschied der Trefferleistungen beim Schießen auf ein dynamisches und auch statisches Ziel zwischen den beiden Reihenfolgen (siehe Tabelle 65). Es macht also keinen Unterschied, ob zunächst auf das statische Ziel und dann auf das dynamische Ziel geschossen wird oder umgekehrt. Die Trefferleistung ist bei beiden Reihenfolgen gleich.

*Tabelle 63: Deskriptive Statistik für die beiden Reihenfolgen*

| | Reihenfolge | N | Mittelwert | SD |
|---|---|---|---|---|
| statisches Ziel | 1. statisch – 2. dynamisch | 81 | 2,4568 | ,67174 |
| | 1. dynamisch – 2. statisch | 22 | 2,1818 | ,95799 |
| dynamisches Ziel | 1. statisch – 2. dynamisch | 82 | 1,5976 | 1,05245 |
| | 1. dynamisch – 2. statisch | 22 | 1,6818 | 1,08612 |

*Tabelle 64: Levene-Test der Varianzgleichheit für die unterschiedlichen Reihenfolgen*

| Levene-Test der Varianzgleichheit | | F | Sig. |
|---|---|---|---|
| statisches Ziel | Varianzen gleich | 2,510 | ,116 |
| | Varianzen ~~gleich~~ | | |
| dynamisches Ziel | Varianzen gleich | ,086 | ,770 |
| | Varianzen ~~gleich~~ | | |

*Tabelle 65: T-Test für die unterschiedlichen Reihenfolgen*

| T-Test | | T | df | Sig. (2-seitig) | mittlere Differenz | Standard-fehler-differenz | Cohen's d |
|---|---|---|---|---|---|---|---|
| stehend | Varianzen gleich | 1,545 | 101 | ,126 | ,27497 | ,17801 | ,371 |
| | Varianzen ~~gleich~~ | 1,265 | 26,858 | ,217 | ,27497 | ,21745 | |
| sich bewegend | Varianzen gleich | -,331 | 102 | ,741 | -,08426 | ,25438 | -,080 |
| | Varianzen ~~gleich~~ | -,325 | 32,380 | ,747 | -,08426 | ,25909 | |

## 4.2 Serie sich bewegende Schütz*innen

### 4.2.1 Bewegungsrichtung

#### 4.2.1.1 Vorwärts

Teilgenommen haben 321 Schütz*innen. Bei 37 fehlten bei einem oder mehreren Ergebnissen Angaben (Anlage zeigte keinen Treffer oder die dazugehörige Zeit) oder es wurden nicht plausible Werte (Treffer auf der 24-er-Ringscheibe >24) notiert, sodass 284 vollständige Datensätze vorhanden waren.

##### *4.2.1.1.1 Basis-Schießfertigkeit*

###### *4.2.1.1.1.1 Präzisionsschuss auf 24er-Ringscheibe*

Im Mittel treffen die Versuchspersonen beim Präzisionsschießen je Schuss etwas mehr als 21 Ringe und benötigen je Schuss im Durchschnitt geringfügig mehr als vier Sekunden (siehe Tabelle 66). Der Mittelwert der mit vier Präzisionsschüssen auf die 24er-Ringscheibe erzielten Summen beträgt 85,37. Um diesen Wert streuen die Versuchspersonen (siehe Abbildung 23).

*Tabelle 66: Überblick über die Ergebnisse des Präzisionsschießens auf die 24er-Ringscheibe aus zehn Metern Entfernung (N=284)*

| | Schuss | | | | | | | | Serie | |
|---|---|---|---|---|---|---|---|---|---|---|
| | 1 | | 2 | | 3 | | 4 | | | |
| | Treffer | Zeit | Treffer | Zeit | Treffer | Zeit | Treffer | Zeit | Summe Treffer | Summe Zeit |
| **Ø** | 21,45 | 4,12 | 21,41 | 4,12 | 21,23 | 4,75 | 21,28 | 4,25 | 85,37 | 17,26 |
| **SD** | 2,21 | 1,43 | 2,38 | 1,44 | 2,81 | 3,22 | 2,66 | 2,17 | 6,32 | 5,62 |
| **Min** | 9 | ,60 | 9 | 1,79 | 0 | 1,98 | 3 | ,64 | 52 | 8,48 |
| **Max** | 24 | 11,54 | 24 | 15,24 | 24 | 24,00 | 24 | 32,28 | 96 | 61,95 |

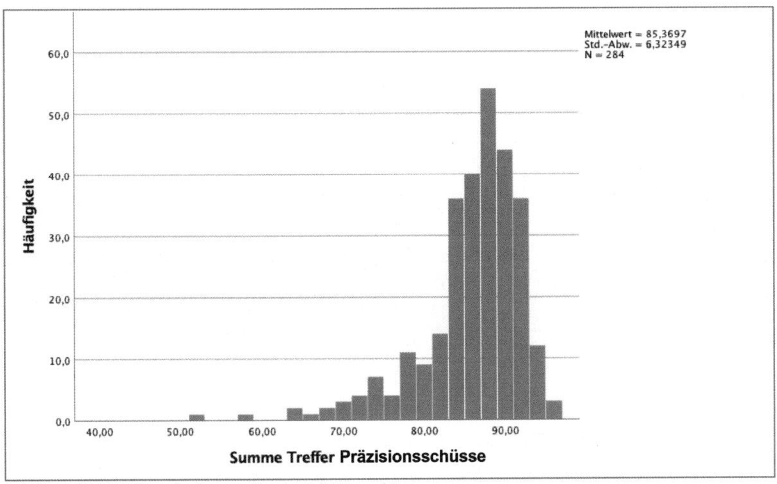


*Abbildung 23: Verteilung der Summe der vier Präzisionsschüsse*

##### *4.2.1.1.1.2 Grob visierter Schuss auf 24er-Ringscheibe*

Im Mittel treffen die Versuchspersonen beim grob visierten Schießen je Schuss ungefähr 20 Ringe und benötigen je Schuss im Durchschnitt zweieinhalb Sekunden (siehe Tabelle 67). Der Mittelwert der mit vier grob visierten Schüssen auf die 24er-Ringscheibe erzielten Summen beträgt 80,51. Um diesen streuen die Versuchspersonen (siehe Abbildung 24).

*Tabelle 67: Überblick über die Ergebnisse des grob visierten Schießens auf die 24er-Ringscheibe aus zehn Metern Entfernung (N=284)*

| | **Schuss** | | | | | | | | **Serie** | |
|---|---|---|---|---|---|---|---|---|---|---|
| | **1** | | **2** | | **3** | | **4** | | | |
| | Treffer | Zeit | Treffer | Zeit | Treffer | Zeit | Treffer | Zeit | Summe Treffer | Summe Zeit |
| **Ø** | 19,58 | 2,54 | 20,14 | 2,58 | 20,44 | 2,69 | 20,34 | 2,65 | 80,51 | 11,66 |
| **SD** | 4,00 | 0,59 | 3,08 | ,079 | 2,88 | 1,43 | 3,20 | 0,71 | 8,33 | 2,71 |
| **Min** | 0 | 1,47 | 2 | 1,66 | 8 | 1,48 | 7 | 1,57 | 48 | 6,24 |
| **Max** | 24 | 5,59 | 24 | 11,37 | 24 | 23,34 | 24 | 6,83 | 94 | 33,13 |

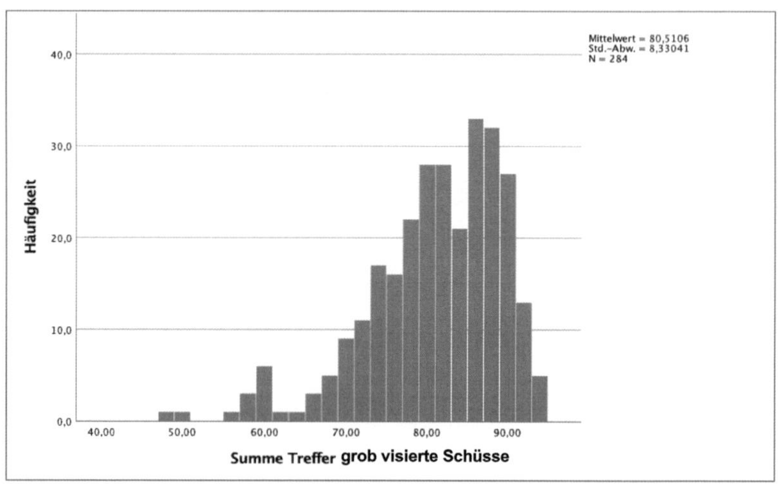


*Abbildung 24: Verteilung der Summe der vier grob visierten Schüsse*

Die Summe der Treffer der Präzisionsschüsse unterscheidet sich statistisch sehr signifikant (T=10.044, df=283, $Sig_{2\text{-seitig}}$ P=.000) von der Summe der Treffer der grob visierten Schüsse mit einer mittleren Effektstärke (Cohen`s d=.596).

#### 4.2.1.1.2 Experimentellel Schießbedingung

##### 4.2.1.1.2.1 Stehendes Schießen

Beim stehenden Schießen treffen 226 Versuchspersonen von 284 (=79,6 %) dieses mit dem ersten Schuss (siehe Tabelle 68). Mit dem zweiten Schuss sind es 234 (=82,4 %) und mit dem dritten 230 (=81,0 %). Die Hälfte der Personen treffen mit allen drei Schüssen, ein Drittel trifft mit einem Schuss nicht. Weniger als jeder Zehnte trifft nur mit einem Schuss von dreien. Ungefähr jeder Fünfzigste trifft keinmal das Ziel.

*Tabelle 68: Überblick über die Ergebnisse des Schießens auf ein statisches Ziel aus vier Metern Entfernung (N=284)*

| | Schuss | | | Trefferanzahl gesamte Serie | | | |
|---|---|---|---|---|---|---|---|
| | 1 Treffer | 2 Treffer | 3 Treffer | 0 | 1 | 2 | 3 |
| **Anzahl** | 226 | 234 | 230 | 7 | 24 | 93 | 160 |
| **%** | 79,6 % | 82,4 % | 81,0 % | 2,5 % | 8,5 % | 32,7 % | 56,3 % |
| **Ø Zeit** (kumuliert) | 1,99 | 2,51 | 2,99 | | | | |
| **SD-Zeit** | 0,37 | 0,50 | 0,61 | | | | |
| **Min-Zeit** | 1,04 | 1,55 | 1,83 | | | | |
| **Max-Zeit** | 4,15 | 5,51 | 5,83 | | | | |

#### *4.2.1.1.2.2 Schießen aus/in der Bewegung*

Beim Schießen aus oder in der Bewegung treffen 225 Versuchspersonen von 284 (=79,2 %) mit dem ersten Schuss (siehe Tabelle 69). Mit dem zweiten Schuss sind es noch 215 (=75,7 %) und mit dem dritten 219 (=77,1 %). Die Hälfte der Personen trifft mit allen drei Schüssen, ein Drittel trifft mit einem Schuss nicht. Mehr als jeder Zehnte trifft nur mit einem Schuss von dreien. Vier Prozent treffen keinmal das Ziel.

*Tabelle 69: Überblick über die Ergebnisse des Schießens aus/in der Bewegung auf ein statisches Ziel aus vier Metern Entfernung (N=284)*

| | Schuss | | | Trefferanzahl gesamte Serie | | | |
|---|---|---|---|---|---|---|---|
| | 1 Treffer | 2 Treffer | 3 Treffer | 0 | 1 | 2 | 3 |
| **Anzahl** | 225 | 215 | 219 | 12 | 36 | 85 | 151 |
| **%** | 79,2 % | 75,7 % | 77,1 % | 4,2 % | 12,7 % | 29,9 % | 53,2 % |
| **Ø Zeit** (kumuliert) | 1,99 | 2,51 | 3,03 | | | | |
| **SD-Zeit** | 0,37 | 0,47 | 0,63 | | | | |
| **Min-Zeit** | 1,27 | 1,62 | 1,89 | | | | |
| **Max-Zeit** | 3,30 | 4,34 | 5,84 | | | | |

Der Unterschied zwischen der Summe der Treffer beim stehenden Schießen zur Summe der Treffer beim Schießen in oder aus der Bewegung ist statistisch knapp nicht signifikant (T=1,913, df=283, $Sig_{2\text{-seitig}}$ P=.057) mit einer geringen Effektstärke (Cohen`s d=.114). Dies bedeutet, dass die Personen stehend wie auch beim Schießen in oder aus der Bewegung in etwa gleich gut treffen. Tendenziell wird aber beim Schießen in/aus der Bewegung eher geringfügig schlechter getroffen.

#### *4.2.1.1.3 Einflüsse*

#### *4.2.1.1.3.1 Grundlegende Schießfertigkeit*

##### *4.2.1.1.3.1.1 Präzisionsschießen*

Um zu prüfen, ob die Schießfähigkeit beim Präzisionsschießen auf das Schießen in bzw. aus der Bewegung bzw. statisches Schießen einen Einfluss hat, wurden die Versuchspersonen gemäß ihrer Leistung beim Präzisionsschießen in drei Gruppen aufgeteilt:

- Unteres Drittel: bis einschließlich 84 Ringe (vier Schuss 24er-Ringscheibe) (=33,5 %)
- Mittleres Drittel: 85–88 Ringe (vier Schuss 24er-Ringscheibe) (=33,0 %)
- Oberes Drittel: ab einschließlich 89 Ringe (vier Schuss 24er-Ringscheibe) (=33,5 %)

Bei der Überprüfung des Einflusses der Schießfähigkeit beim Präzisionsschießen auf das stehende bzw. sich bewegende Schießen mittels mehrfaktorieller Varianzanalyse (drei Leistungsgruppen) mit Messwiederholung (stehend vs. sich bewegend) erweist sich der Haupteffekt der Leistung beim Präzisionsschießen als statistisch sehr signifikant (siehe Tabelle 72). Der Haupteffekt der Dynamik (stehend vs. sich bewegend) und der Interaktionseffekt sind statistisch nicht signifikant (siehe Tabelle 71). Dies bedeutet, dass sich die drei Leistungsgruppen statistisch signifikant hinsichtlich ihrer Schießleistungen beim stehenden zusammen mit dem sich bewegenden Schießen unterscheiden. Keinen Einfluss auf das Treffen hat jedoch, ob sich die Schütz*innen bewegen oder stehen.

*Tabelle 70: Deskriptive Statistik der Schießergebnisse beim statischen Schießen und aus/in der Bewegung auf ein statisches Ziel für die drei Leistungsgruppen beim Präzisionsschießen*

| | Qualität Präzschießen | Mittelwert | SD | N |
|---|---|---|---|---|
| Summe Treffer stehend | schlechte Präz-Schütz*innen | 2,3053 | ,85145 | 95 |
| | mittlere Präz-Schütz*innen | 2,4468 | ,63274 | 94 |
| | gute Präz-Schütz*innen | 2,5368 | ,74105 | 95 |
| Summe Treffer sich bewegend | schlechte Präz-Schütz*innen | 2,0211 | ,96733 | 95 |
| | mittlere Präz-Schütz*innen | 2,4787 | ,75816 | 94 |
| | gute Präz-Schütz*innen | 2,4632 | ,74105 | 95 |

*Tabelle 71: Tests der Innersubjektkontraste*

| Quelle | Typ III Quadratsumme | df | Mittel der Quadrate | F | Sig. |
|---|---|---|---|---|---|
| Dynamik | 1,677 | 1 | 1,677 | 3,670 | ,056 |
| Dynamik * Qual_Präz | 2,451 | 2 | 1,225 | 2,683 | ,070 |
| Fehler (Dynamik) | 128,357 | 281 | ,457 | | |

*Tabelle 72: Tests der Zwischensubjekteffekte*

| Quelle | Typ III Quadratsumme | df | Mittel der Quadrate | F | Sig |
|---|---|---|---|---|---|
| Konstanter Term | 3204,626 | 1 | 3204,626 | 4062,135 | ,00 |
| Qual_Präz | 12,944 | 2 | 6,472 | 8,204 | ,000 |
| Fehler | 221,681 | 281 | ,789 | | |

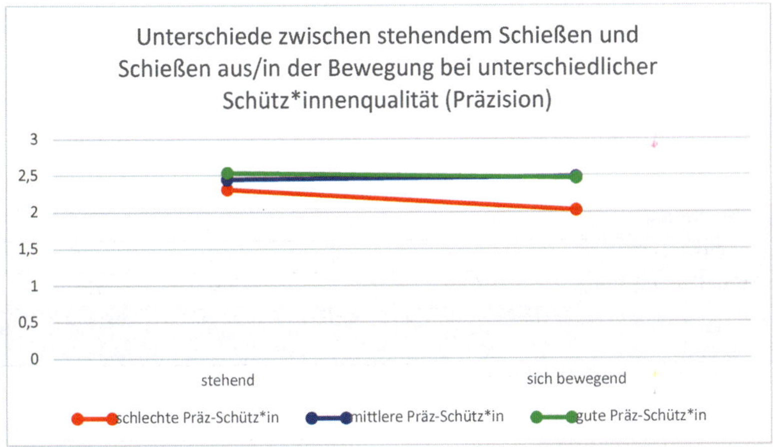


*Abbildung 25: Unterschiede der Trefferleistungen beim stehenden Schießen und Schießen in/aus der Bewegung bei unterschiedlichen Leistungsgruppen beim Präzisionsschießen*

#### *4.2.1.1.3.1.2 Grob visiertes Schießen*

Um zu prüfen, ob die Schießfähigkeit beim grob visierten Schießen auf das Schießen in bzw. aus der Bewegung bzw. statisches Schießen einen Einfluss hat, wurden die Versuchspersonen gemäß ihrer Leistung beim grob visierten Schießen in drei Gruppen aufgeteilt:

- Unteres Drittel: bis einschließlich 78 Ringe (vier Schuss 24er-Ringscheibe) (=34,2 %)
- Mittleres Drittel: 79–85 Ringe (vier Schuss 24er-Ringscheibe) (=32,7 %)
- Oberes Drittel: ab einschließlich 86 Ringe (vier Schuss 24er-Ringscheibe) (=33,1 %)

Bei der Überprüfung des Einflusses der Schießfähigkeit beim grob visierten Schießen auf das stehende Schießen bzw. Schießen aus/in der Bewegung mittels mehrfaktorieller Varianzanalyse (drei Leistungsgruppen) mit Messwiederholung (stehend vs. sich bewegend) findet sich der Haupteffekt der Leistung beim grob visierten Schießen als statistisch sehr signifikant (siehe Tabelle 75), während der Haupteffekt der Dynamik (stehend vs. sich bewegend) statistisch nicht signifikant ist (siehe Tabelle 74). Der Interaktionseffekt zeigt sich als statistisch signifikant (siehe Tabelle 74). Dies bedeutet, dass sich die drei Leistungsgruppen statistisch signifikant hinsichtlich ihrer Schießleistungen beim stehenden wie auch sich bewegenden Schießen unterscheiden. Der Interaktionseffekt deutet darauf hin, dass sich bei guten wie mittleren Schütz*innen die Leistung beim stehenden Schießen nicht von der aus bzw. in der Bewegung unterscheidet. Schlechte Schütz*innen hingegen schießen in/aus der Bewegung etwas schlechter, als wenn sie stehen (siehe Abbildung 26).

*Tabelle 73: Deskriptive Statistik der Schießergebnisse beim statischen Schießen und Schießen aus/in der Bewegung auf ein statisches Ziel für die drei Leistungsgruppen beim grob visierten Schießen*

| | Qualität grob visiertes Schießen | Mittelwert | SD | N |
|---|---|---|---|---|
| Summe Treffer stehend | schlechte Schütz*innen | 2,2062 | ,85316 | 97 |
| | mittlere Schütz*innen | 2,4194 | ,77069 | 93 |
| | gute Schütz*innen | 2,6702 | ,51615 | 94 |
| Summe Treffer sich bewegend | schlechte Schütz*innen | 1,8969 | ,98409 | 97 |
| | mittlere Schütz*innen | 2,4624 | ,65207 | 93 |
| | gute Schütz*innen | 2,6170 | ,70492 | 94 |

*Tabelle 74: Tests der Innersubjektkontraste*

| Quelle | Typ III Quadratsumme | df | Mittel der Quadrate | F | Sig. |
|---|---|---|---|---|---|
| Dynamik | 1,610 | 1 | 1,610 | 3,544 | ,061 |
| Dynamik * Qual_Deut | 3,166 | 2 | 1,583 | 3,485 | ,032* |
| Fehler (Dynamik) | 127,642 | 281 | ,454 | | |

*Tabelle 75: Tests der Zwischensubjekteffekte*

| Quelle | Typ III Quadratsumme | df | Mittel der Quadrate | F | Sig. |
|---|---|---|---|---|---|
| Konstanter Term | 3212,770 | 1 | 3212,770 | 4514,928 | ,000 |
| Qual_Deut | 34,669 | 2 | 17,334 | 24,360 | ,000** |
| Fehler | 199,956 | 281 | ,712 | | |

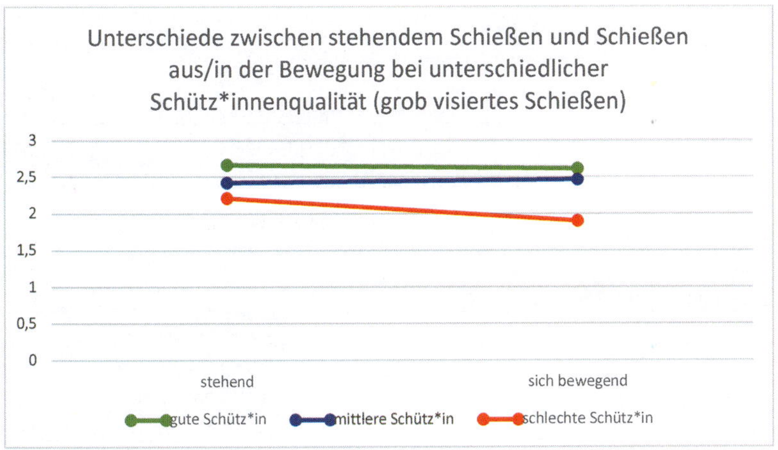


*Abbildung 26: Unterschiede der Trefferleistungen beim statischen Schießen und Schießen aus/in der Bewegung auf ein statisches Ziel für unterschiedliche Leistungsgruppen beim grob visierten Schießen*

#### *4.2.1.1.3.2 Schießgeschwindigkeit*

Um den Einfluss der Schießgeschwindigkeit zu prüfen, wurde die Summe der Treffer beim Schießen in/aus der Bewegung mit den unterschiedlichen Schießzeiten korreliert. Es findet sich für jede Schießzeit des Schießens in/aus der Bewegung ein statistisch signifikanter Zusammenhang mit der Trefferleistung beim Schießen in/aus der Bewegung (siehe Tabelle 76). Dabei ist dieser Zusammenhang eher gering. Inhaltlich zeigt sich, dass je schneller geschossen wird, desto besser wird beim Schießen in/aus der Bewegung getroffen. Ein ähnlicher Zusammenhang findet sich mit der Zeit für drei Schüsse stehend.

*Tabelle 76: Statistische Zusammenhänge verschiedener Schießzeiten mit der Anzahl an Treffern beim Schießen in/aus der Bewegung auf ein statisches Ziel (horizontale Bewegung) (N=284)*

| | **Summe Treffer sich bewegend** | |
|---|---|---|
| | Pearson-Korrelation | Sig. (2-seitig) |
| Zeit für 1. Schuss sich bewegend | -,193 | ,001** |
| Zeit für 1. + 2. Schuss sich bewegend | -,229 | ,000** |
| Zeit für 1. + 2. + 3. Schuss sich bewegend | -,278 | ,000** |
| Zeit für 4 Präzisionsschüsse | -,087 | ,143 |
| Zeit für 4 grob visierte Schüsse | -,056 | ,347 |
| Zeit für 1. + 2. + 3. Schuss stehend | -,263 | ,000** |

##### *4.2.1.1.3.3 Schießtaktik*

Es findet sich (knapp) kein statistisch signifikanter Unterschied der Trefferleistungen beim Schießen in/aus der Bewegung zwischen den beiden Schießtaktiken (siehe Tabelle 79). Es macht also keinen Unterschied, ob in oder aus der Bewegung geschossen wird. Die Trefferleistung ist bei beiden Schießtaktiken (noch) gleich.

*Tabelle 77: Deskriptive Statistik für unterschiedliche Schießtaktiken*

| | N | Mittelwert | Standardabweichung |
|---|---|---|---|
| Stoppt beim Schießen (Schießen aus der Bewegung) | 217 | 2,2673 | ,88322 |
| Läuft weiter beim Schießen (Schießen in der Bewegung) | 67 | 2,4925 | ,72557 |

*Tabelle 78: Levene-Test der Varianzgleichheit für die unterschiedlichen Schießtaktiken*

| Levene-Test der Varianzgleichheit | | F | Sig. |
|---|---|---|---|
| Schießen in/aus der Bewegung | Varianzen gleich | 2,460 | ,118 |
| | Varianzen ~~gleich~~ | | |

*Tabelle 79: T-Test für die unterschiedlichen Schießtaktiken*

| T-Test | T | df | Sig. (2-seitig) | mittlere Differenz | Standardfehlerdifferenz | Cohen's |
|---|---|---|---|---|---|---|
| Varianzen gleich | -1,898 | 282 | ,059 | -,22526 | ,11865 | -,265 |
| Varianzen ~~gleich~~ | -2,105 | 131,776 | ,037 | -,22526 | ,10702 | |

##### *4.2.1.1.3.4 Übungsreihenfolge*

Es findet sich kein statistisch signifikanter Unterschied der Trefferleistungen beim stehenden Schießen wie auch beim Schießen aus/in der Bewegung zwischen den beiden Reihenfolgen (siehe Tabelle 82). Es macht also keinen Unterschied, ob zunächst stehend und dann in/aus der Bewegung geschossen wird oder umgekehrt. Die Trefferleistung ist bei beiden Reihenfolgen gleich.

*Tabelle 80: Deskriptive Statistik für die beiden Reihenfolgen*

| | Reihenfolge | N | Mittelwert | SD |
|---|---|---|---|---|
| stehend | 1. stehend – 2. sich bewegend | 144 | 2,3125 | ,85664 |
| | 1. sich bewegend – 2. stehend | 140 | 2,3286 | ,85194 |
| sich bewegend | 1. stehend – 2. sich bewegend | 144 | 2,4097 | ,77922 |
| | 1. sich bewegend – 2. stehend | 140 | 2,4500 | ,72295 |

*Tabelle 81: Levene-Test der Varianzgleichheit für die unterschiedlichen Reihenfolgen*

| Levene-Test der Varianzgleichheit | | F | Sig. |
|---|---|---|---|
| stehend | Varianzen gleich | ,014 | ,906 |
| | Varianzen ~~gleich~~ | | |
| sich bewegend | Varianzen gleich | ,895 | ,345 |
| | Varianzen ~~gleich~~ | | |

*Tabelle 82: T-Test für die unterschiedlichen Reihenfolgen*

| T-Test | | T | df | Sig. (2-seitig) | mittlere Differenz | Standard-fehler-differenz | Cohen's d |
|---|---|---|---|---|---|---|---|
| stehend | Varianzen gleich | -,158 | 282 | ,874 | -,01607 | ,10140 | -,019 |
| | Varianzen ~~gleich~~ | -,159 | 281,854 | ,874 | -,01607 | ,10139 | |
| sich bewegend | Varianzen gleich | -,451 | 282 | ,652 | -,04028 | ,08926 | -,054 |
| | Varianzen ~~gleich~~ | -,452 | 281,389 | ,652 | -,04028 | ,08916 | |

#### 4.2.1.2 Rückwärts

Teilgenommen haben 198 Schütz*innen. Bei 24 fehlten bei einem oder mehreren Ergebnissen Angaben (Anlage zeigte keinen Treffer oder die dazugehörige Zeit) oder wurden nicht plausible Werte (Treffer auf der 24er-Ringscheibe >24) notiert, sodass 174 vollständige Datensätze vorhanden waren.

##### *4.2.1.2.1 Basis-Schießfertigkeit*

###### *4.2.1.2.1.1 Präzisionsschuss auf 24er-Ringscheibe*

Im Mittel treffen die Versuchspersonen beim Präzisionsschießen je Schuss etwas mehr als 20 Ringe und benötigen je Schuss im Durchschnitt geringfügig mehr als vier Sekunden (siehe Tabelle 83). Der Mittelwert der mit vier Präzisionsschüssen auf die 24er-Ringscheibe erzielten Summen beträgt 82,97. Um diesen Wert streuen die Versuchspersonen (siehe Abbildung 27).

*Tabelle 83: Überblick über die Ergebnisse des Präzisionsschießens auf die 24er-Ringscheibe aus zehn Metern Entfernung (N=174)*

| | Schuss | | | | | | | | Serie | |
|---|---|---|---|---|---|---|---|---|---|---|
| | 1 | | 2 | | 3 | | 4 | | | |
| | Treffer | Zeit | Treffer | Zeit | Treffer | Zeit | Treffer | Zeit | Summe Treffer | Summ Zeit |
| **ø** | 20,57 | 4,78 | 20,40 | 4,64 | 21,00 | 4,60 | 20,99 | 4,18 | 82,97 | 18,20 |
| **SD** | 3,27 | 2,21 | 3,50 | 1,82 | 2,68 | 1,97 | 3,04 | 1,43 | 8,20 | 6,03 |
| **Min** | 2 | 1,85 | 0 | 2,00 | 9 | 1,65 | 3 | 2,25 | 39,00 | 9,84 |
| **Max** | 24 | 21,90 | 24 | 10,85 | 24 | 14,36 | 24 | 10,04 | 96,00 | 49,17 |

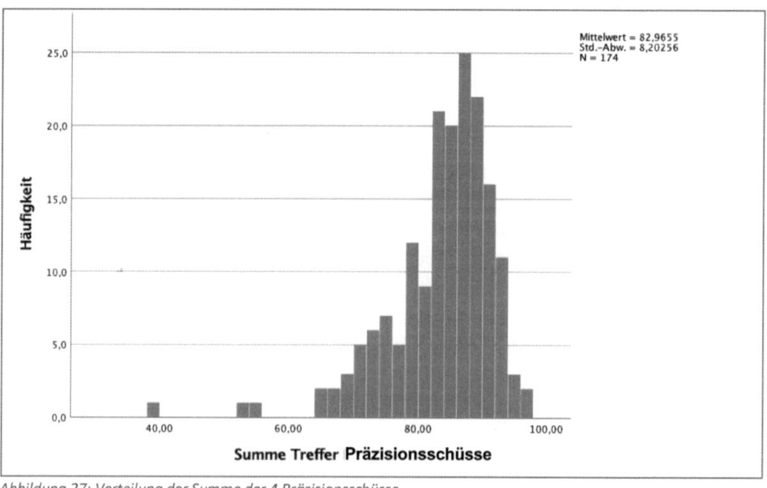


*Abbildung 27: Verteilung der Summe der 4 Präzisionsschüsse*

#### *4.2.1.2.1.2 Grob visierter Schuss auf 24er-Ringscheibe*

Im Mittel treffen die Versuchspersonen beim grob visierten Schießen je Schuss ungefähr 19 Ringe und benötigen je Schuss im Durchschnitt fast drei Sekunden (siehe Tabelle 84). Der Mittelwert der mit vier grob visierten Schüssen auf die 24er-Ringscheibe erzielten Summen beträgt 78,48. Um diesen streuen die Versuchspersonen (siehe Abbildung 28).

*Tabelle 84: Überblick über die Ergebnisse des grob visierten Schießens auf die 24er-Ringscheibe aus zehn Metern Entfernung (N=174)*

| | **Schuss** | | | | | | | | **Serie** | |
|---|---|---|---|---|---|---|---|---|---|---|
| | **1** | | **2** | | **3** | | **4** | | | |
| | Treffer | Zeit | Treffer | Zeit | Treffer | Zeit | Treffer | Zeit | Summe Treffer | Summe Zeit |
| **Ø** | 19,71 | 2,88 | 19,27 | 2,88 | 19,75 | 2,96 | 19,80 | 2,99 | 78,54 | 11,73 |
| **SD** | 3,19 | 0,85 | 3,74 | 1,28 | 3,32 | 1,03 | 2,94 | 1,03 | 8,31 | 3,34 |
| **Min** | 2 | 1,29 | 6 | 1,66 | 1 | 1,68 | 10 | 1,58 | 46,00 | 7,22 |
| **Max** | 24 | 6,64 | 24 | 14,70 | 24 | 9,13 | 24 | 8,86 | 93,00 | 31,17 |

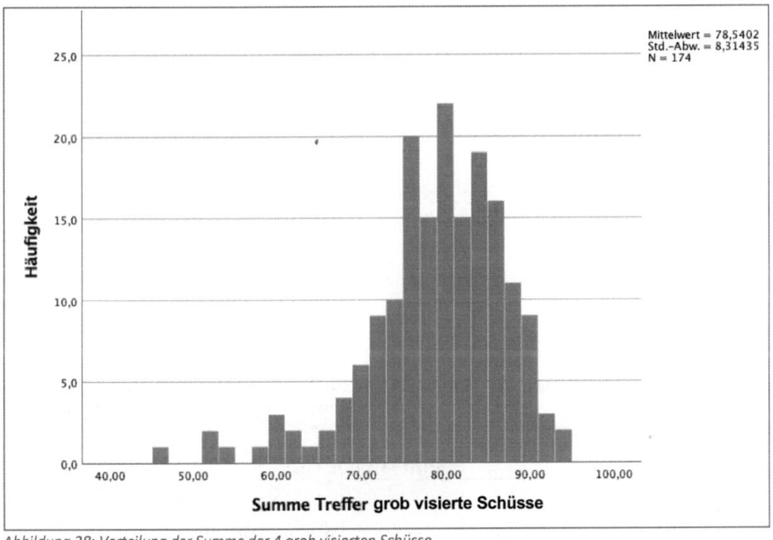


*Abbildung 28: Verteilung der Summe der 4 grob visierten Schüsse*

Die Summe der Treffer der Präzisionsschüsse unterscheidet sich statistisch sehr signifikant (T=6,324, df=173, $Sig_{2\text{-seitig}}$ P=.000) von der Summe der Treffer der grob visierten Schüsse mit einer mittleren Effektstärke (Cohen`s d=.479).

#### 4.2.1.2.2 Experimentelle Schießbedingung

##### 4.2.1.2.2.1 Stehendes Schießen

Beim stehenden Schießen treffen 146 Versuchspersonen von 174 (=83,4 %) das Ziel mit dem ersten Schuss (siehe Tabelle 85 und Tabelle 68). Mit dem zweiten Schuss sind es 135 (=77,6 %) und mit dem dritten 117 (=67,.2 %). Die Hälfte der Personen treffen mit allen drei Schüssen, ein Drittel trifft mit einem Schuss nicht. Mehr als jeder Zehnte trifft nur mit einem Schuss von dreien. Ungefähr jeder Fünfundzwanzigste trifft keinmal das Ziel.

*Tabelle 85: Überblick über die Ergebnisse des statischen Schießens auf ein statisches Ziel aus vier Metern Entfernung (N=174)*

| | Schuss | | | Trefferanzahl gesamte Serie | | | |
|---|---|---|---|---|---|---|---|
| | 1 Treffer | 2 Treffer | 3 Treffer | 0 | 1 | 2 | 3 |
| **Anzahl** | 146 | 135 | 117 | 7 | 27 | 49 | 91 |
| **%** | 83,4 % | 77,6 % | 67,2 % | 4,0 % | 15,5 % | 28,2 % | 52,3 % |
| **Ø Zeit** (kumuliert) | 2,10 | 2,65 | 3,21 | | | | |
| **SD-Zeit** | 0,39 | 0,52 | 0,70 | | | | |
| **Min-Zeit** | 1,44 | 1,78 | 1,99 | | | | |
| **Max-Zeit** | 3,40 | 4,65 | 6,01 | | | | |

##### 4.2.1.2.2.2 Schießen aus/in der Bewegung

Beim Schießen aus oder in der Bewegung treffen 128 Versuchspersonen von 174 (=73,6 %) mit dem ersten Schuss (siehe Tabelle 86). Mit dem zweiten Schuss sind es noch 113 (= 64,9 %) und mit dem dritten 101 (=58,0 %). Jeweils ein Drittel der Personen trifft mit allen drei Schüssen, trifft mit einem Schuss nicht oder trifft nur mit einem Schuss von dreien. Fast jeder Zwanzigste trifft keinmal das Ziel.

*Tabelle 86: Überblick über die Ergebnisse des dynamischen Schießens auf ein statisches Ziel aus vier Metern Entfernung (N=174)*

| | Schuss | | | Trefferanzahl gesamte Serie | | | |
|---|---|---|---|---|---|---|---|
| | 1 Treffer | 2 Treffer | 3 Treffer | 0 | 1 | 2 | 3 |
| **Anzahl** | 128 | 113 | 101 | 8 | 48 | 60 | 58 |
| **%** | 73,6 % | 64,9 % | 58,0 % | 4,6 % | 27,6 % | 34,5 % | 33,3 % |
| **Ø Zeit** (kumuliert) | 2,22 | 2,79 | 3,35 | | | | |
| **SD-Zeit** | 0,44 | 0,55 | 0,67 | | | | |
| **Min-Zeit** | 1,23 | 1,59 | 1,89 | | | | |
| **Max-Zeit** | 3,33 | 4,68 | 5,48 | | | | |

Der Unterschied zwischen der Summe der Treffer beim stehenden Schießen zur Summe der Treffer beim Schießen in oder aus der Bewegung ist statistisch sehr signifikant (T=-3,590, df=173, $Sig_{2\text{-seitig}}$ P=.000) mit einer kleinen Effektstärke (Cohen`s d=-0,272). Dies bedeutet, dass die Personen stehend besser treffen als in oder aus der Bewegung.

#### *4.2.1.2.3 Einflüsse*

##### *4.2.1.2.3.1 Grundlegende Schießfertigkeit*

###### *4.2.1.2.3.1.1 Präzisionsschießen*

Um zu prüfen, ob die Schießfähigkeit beim Präzisionsschießen auf das Schießen in bzw. aus der Bewegung bzw. statisches Schießen einen Einfluss hat, wurden die Versuchspersonen gemäß ihrer Leistung beim Präzisionsschießen in drei Gruppen aufgeteilt:

- Unteres Drittel: bis einschließlich 81 Ringe (vier Schuss 24er-Ringscheibe) (=31 %)
- Mittleres Drittel: 82–86 Ringe (vier Schuss 24er-Ringscheibe) (=30,5 %)
- Oberes Drittel: ab einschließlich 87 Ringe (vier Schuss 24er-Ringscheibe) (=38,5 %)

Bei der Überprüfung des Einflusses der Schießfähigkeit beim Präzisionsschießen auf das stehende bzw. sich bewegende Schießen mittels mehrfaktorieller Varianzanalyse (drei Leistungsgruppen) mit Messwiederholung (stehend vs. sich bewegend) erweist sich der Haupteffekt Dynamik als statistisch sehr signifikant (siehe Tabelle 88). Der Haupteffekt der Leistung beim Präzisionsschießen und der Interaktionseffekt sind statistisch nicht signifikant (siehe Tabelle 88 und Tabelle 89). Dies bedeutet, dass sich die drei Leistungsgruppen statistisch signifikant hinsichtlich ihrer Schießleistungen beim stehenden wie auch sich bewegenden Schießen unterscheiden.

*Tabelle 87: Deskriptive Statistik der Schießergebnisse beim statischen Schießen und Schießen aus/in der Bewegung auf ein statisches Ziel für die drei Leistungsgruppen beim Präzisionsschießen*

| | Qualität Präzschießen | Mittelwert | SD | N |
|---|---|---|---|---|
| Summe Treffer stehend | schlechte Präz-Schütz*innen | 2,0926 | ,91669 | 54 |
| | mittlere Präz-Schütz*innen | 2,2075 | ,88488 | 53 |
| | gute Präz-Schütz*innen | 2,5075 | ,78573 | 67 |
| Summe Treffer sich bewegend | schlechte Präz-Schütz*innen | 1,8889 | ,86147 | 54 |
| | mittlere Präz-Schütz*innen | 1,9811 | ,99015 | 53 |
| | gute Präz-Schütz*innen | 2,0149 | ,84374 | 67 |

*Tabelle 88: Tests der Innersubjektkontraste*

| Quelle | Typ III Quadratsumme | df | Mittel der Quadrate | F | Sig. |
|---|---|---|---|---|---|
| Dynamik | 8,137 | 1 | 8,137 | 11,654 | ,001** |
| Dynamik * Qual_Präz | 1,594 | 2 | ,797 | 1,142 | ,322 |
| Fehler (Dynamik) | 119,394 | 171 | ,698 | | |

*Tabelle 89: Tests der Zwischensubjekteffekte*

| Quelle | Typ III Quadratsumme | df | Mittel der Quadrate | F | Sig. |
|---|---|---|---|---|---|
| Konstanter Term | 1539,813 | 1 | 1539,813 | 1829,728 | ,000 |
| Qual_Präz | 4,531 | 2 | 2,266 | 2,692 | ,071 |
| Fehler | 143,906 | 171 | ,842 | | |

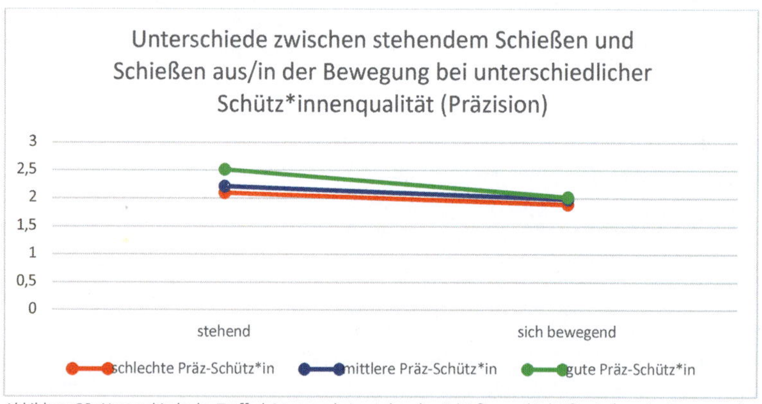


*Abbildung 29: Unterschiede der Trefferleistungen beim stehenden Schießen und Schießen in/aus der Bewegung bei unterschiedlichen Leistungsgruppen beim Präzisionsschießen*

#### *4.2.1.2.3.1.2 Grob visiertes Schießen*

Um zu prüfen, ob die Schießfähigkeit beim grob visierten Schießen auf das Schießen in bzw. aus der Bewegung bzw. statisches Schießen einen Einfluss hat, wurden die Versuchspersonen gemäß ihrer Leistung beim grob visierten Schießen in drei Gruppen aufgeteilt:

- Unteres Drittel: bis einschließlich 76 Ringe (vier Schuss 24er-Ringscheibe) (=35,6 %)
- Mittleres Drittel: 77–83 Ringe (vier Schuss 24er-Ringscheibe) (=33,9 %)
- Oberes Drittel: ab einschließlich 84 Ringe (vier Schuss 24er-Ringscheibe) (=30,5 %)

Bei der Überprüfung des Einflusses der Schießfähigkeit beim grob visierten Schießen auf das stehende Schießen bzw. Schießen aus/in der Bewegung mittels mehrfaktorieller Varianzanalyse (drei Leistungsgruppen) mit Messwiederholung (stehend vs. sich bewegend) findet sich sowohl der Haupteffekt der Leistung beim grob visierten Schießen wie auch der Faktor der Dynamik (stehend schießen vs. Schießen in/aus der Bewegung) als statistisch sehr signifikant (siehe Tabelle 91 und Tabelle 92). Der Interaktionseffekt zeigt sich als statistisch nicht signifikant (siehe Tabelle 91). Dies bedeutet, dass sich die drei Leistungsgruppen statistisch signifikant hinsichtlich ihrer Schießleistungen beim stehenden wie auch sich bewegenden Schießen unterscheiden. Auch unterscheiden sich die Leistungen statistisch sehr signifikant beim stehenden Schießen von denen beim Schießen in/aus der Bewegung.

*Tabelle 90: Deskriptive Statistik der Schießergebnisse beim statischen Schießen und Schießen aus/in der Bewegung auf ein statisches Ziel für die drei Leistungsgruppen beim grob visierten Schießen*

| | Qualität grob visiertes Schießen | Mittelwert | SD | N |
|---|---|---|---|---|
| Summe Treffer stehend | schlechte Schütz*innen | 2,1290 | ,85859 | 62 |
| | mittlere Schütz*innen | 2,2712 | ,88728 | 59 |
| | gute Schütz*innen | 2,4906 | ,84632 | 53 |
| Summe Treffer sich bewegend | schlechte Schütz*innen | 1,8710 | ,87748 | 62 |
| | mittlere Schütz*innen | 1,8136 | ,91867 | 59 |
| | gute Schütz*innen | 2,2453 | ,82987 | 53 |

*Tabelle 91: Tests der Innersubjektkontraste*

| Quelle | Typ III Quadratsumme | df | Mittel der Quadrate | F | Sig. |
|---|---|---|---|---|---|
| Dynamik | 8,889 | 1 | 8,889 | 12,649 | ,000** |
| Dynamik * Qual_Deut | ,825 | 2 | ,413 | ,587 | ,557 |
| Fehler (Dynamik) | 120,163 | 171 | ,703 | | |

*Tabelle 92: Tests der Zwischensubjekteffekte*

| Quelle | Typ III Quadratsumme | df | Mittel der Quadrate | F | Sig. |
|---|---|---|---|---|---|
| Konstanter Term | 1582,098 | 1 | 1582,098 | 1940,193 | ,000 |
| Qual_Deut | 8,998 | 2 | 4,499 | 5,517 | ,005** |
| Fehler | 139,439 | 171 | ,815 | | |

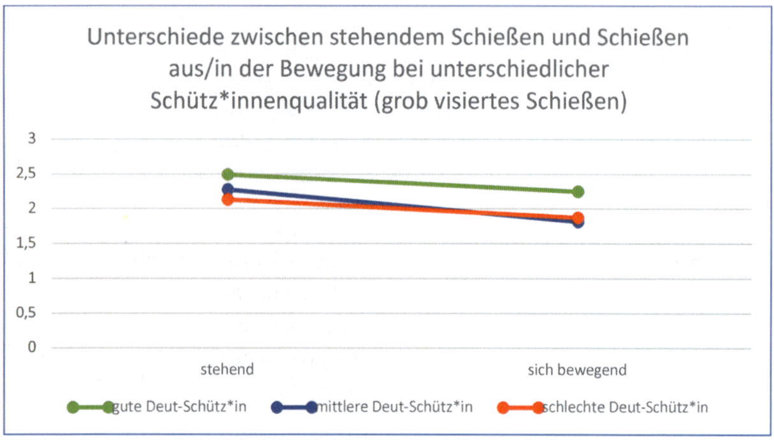


*Abbildung 30: Unterschiede der Trefferleistungen beim statischen Schießen und Schießen aus/in der Bewegung auf ein statisches Ziel für unterschiedliche Leistungsgruppen beim grob visierten Schießen*

#### *4.2.1.2.3.2 Schießgeschwindigkeit*

Um den Einfluss der Schießgeschwindigkeit zu prüfen, wurde die Summe der Treffer beim Schießen in/aus der Bewegung mit den unterschiedlichen Schießzeiten korreliert. Es findet sich nur für die Gesamtzeit des Schießens in/aus der Bewegung ein statistisch signifikanter Zusammenhang mit der Trefferleistung beim Schießen in/aus der Bewegung (siehe Tabelle 93). Dabei ist dieser Zusammenhang sehr gering. Inhaltlich zeigt sich, dass je schneller die drei Schüsse abgegeben werden, desto besser wird beim Schießen in/aus der Bewegung getroffen. Ansonsten findet sich kein Zusammenhang mit den übrigen Schießzeiten.

*Tabelle 93: Statistische Zusammenhänge verschiedener Schießzeiten mit der Anzahl an Treffern beim Schießen in/aus der Bewegung auf ein statisches Ziel (N=175)*

| | **Summe Treffer sich bewegend** | |
|---|---|---|
| | Pearson-Korrelation | Sig. (2-seitig) |
| Zeit für 1. Schuss sich bewegend | -.093 | .224 |
| Zeit für 1. + 2. Schuss sich bewegend | -.124 | .103 |
| Zeit für 1. + 2. + 3. Schuss sich bewegend | -.167 | .027 |
| Zeit für 4 Präzisionsschüsse | -.104 | .174 |
| Zeit für 4 grob visierte Schüsse | .017 | .240 |
| Zeit für 1. + 2. + 3. Schuss stehend | -.067 | .380 |

#### 4.2.1.2.3.3 *Schießtaktik*

Es findet sich kein statistisch signifikanter Unterschied der Trefferleistungen beim Schießen in/aus der Bewegung zwischen den beiden Schießtaktiken (siehe Tabelle 96). Es macht also keinen Unterschied, ob in oder aus der Bewegung geschossen wird. Die Trefferleistung ist bei beiden Schießtaktiken gleich.

*Tabelle 94: Deskriptive Statistik für unterschiedliche Schießtaktiken*

| | N | Mittelwert | Standardabweichung |
|---|---|---|---|
| Stoppt beim Schießen (Schießen aus der Bewegung) | 125 | 1,9440 | ,87348 |
| Läuft weiter beim Schießen (Schießen in der Bewegung) | 41 | 1,9756 | ,90796 |

*Tabelle 95: Levene-Test der Varianzgleichheit für die unterschiedlichen Schießtaktiken*

| Levene-Test der Varianzgleichheit | | F | Sig. |
|---|---|---|---|
| Schießen in/aus der Bewegung | Varianzen gleich | ,032 | ,858 |
| | Varianzen ~~gleich~~ | | |

*Tabelle 96: T-Test für die unterschiedlichen Schießtaktiken*

| T-Test | T | df | Sig. (2-seitig) | mittlere Differenz | Standardfehler-differenz | Cohen's d |
|---|---|---|---|---|---|---|
| Varianzen gleich | ,199 | 164 | ,842 | ,03161 | ,15874 | 0,036 |
| Varianzen ~~gleich~~ | ,195 | 66,009 | ,846 | ,03161 | ,16190 | |

#### 4.2.1.2.3.4 *Übungsreihenfolge*

Es findet sich kein statistisch signifikanter Unterschied der Trefferleistungen beim stehenden Schießen zwischen den beiden Reihenfolgen. Jedoch zeigt sich ein Reihenfolgeeffekt beim Schießen aus/in der Bewegung (siehe Tabelle 99). Es macht beim Schießen in/aus der Bewegung also einen Unterschied, ob zunächst stehend und dann in/aus der Bewegung geschossen wird oder umgekehrt. Wenn sofort in/aus der Bewegung geschossen wurde, ist die Trefferleistung höher, als wenn erst im Stehen und dann aus der Bewegung geschossen wurde. Der Effekt ist dabei als klein zu bewerten. Beim stehenden Schießen ist die Trefferleistung bei beiden Reihenfolgen gleich.

*Tabelle 97: Deskriptive Statistik für die beiden Reihenfolgen*

| | Reihenfolge | N | Mittelwert | SD |
|---|---|---|---|---|
| stehend | 1. stehend – 2. sich bewegend | 93 | 2,3656 | ,79105 |
| | 1. sich bewegend – 2. stehend | 81 | 2,1975 | ,95420 |
| sich bewegend | 1. stehend – 2. sich bewegend | 93 | 1,8065 | ,86298 |
| | 1. sich bewegend – 2. stehend | 81 | 2,1481 | ,89598 |

*Tabelle 98: Levene-Test der Varianzgleichheit für die unterschiedlichen Reihenfolgen*

| Levene-Test der Varianzgleichheit | | F | Sig. |
|---|---|---|---|
| stehend | Varianzen gleich | 3,749 | ,054 |
| | Varianzen ~~gleich~~ | | |
| sich bewegend | Varianzen gleich | ,013 | ,908 |
| | Varianzen ~~gleich~~ | | |

*Tabelle 99: T-Test für die unterschiedlichen Reihenfolgen*

| T-Test | | T | df | Sig. (2-seitig) | mittlere Differenz | Standard-fehler-differenz | Cohe |
|---|---|---|---|---|---|---|---|
| stehend | Varianzen gleich | 1,270 | 172 | ,206 | ,16806 | ,13234 | ,1 |
| | Varianzen ~~gleich~~ | 1,254 | 155,873 | ,212 | ,16806 | ,13405 | |
| sich bewegend | Varianzen gleich | -2,559 | 172 | ,011* | -,34170 | ,13351 | -,3 |
| | Varianzen ~~gleich~~ | -2,553 | 166,810 | ,012* | -,34170 | ,13386 | |

#### 4.2.1.3 Zickzack

Teilgenommen haben 173 Schütz*innen. Bei 21 fehlten bei einem oder mehreren Ergebnissen Angaben (Anlage zeigte keinen Treffer oder die dazugehörige Zeit) oder wurden nicht plausible Werte (Treffer auf der 24er-Ringscheibe>24) notiert, sodass 152 vollständige Datensätze vorhanden waren.

##### *4.2.1.3.1 Basis-Schießfertigkeit*

###### *4.2.1.3.1.1 Präzisionsschuss auf 24er-Ringscheibe*

Im Mittel treffen die Versuchspersonen beim Präzisionsschießen je Schuss ca. 20 Ringe und benötigen je Schuss im Durchschnitt geringfügig mehr als vier Sekunden (siehe Tabelle 100). Der Mittelwert der mit vier Präzisionsschüssen auf die 24er-Ringscheibe erzielten Summen beträgt 80,23. Um diesen Wert streuen die Versuchspersonen (siehe Abbildung 31).

*Tabelle 100: Überblick über die Ergebnisse des Präzisionsschießens auf die 24er-Ringscheibe aus zehn Metern Entfernung (N=152)*

| | Schuss | | | | | | | | Serie | |
|---|---|---|---|---|---|---|---|---|---|---|
| | 1 | | 2 | | 3 | | 4 | | | |
| | Treffer | Zeit | Treffer | Zeit | Treffer | Zeit | Treffer | Zeit | Summe Treffer | Summe Zeit |
| **Ø** | 20,29 | 4,33 | 20,24 | 4,46 | 19,84 | 4,36 | 19,86 | 4,24 | 80,23 | 17,39 |
| **SD** | 3,37 | 1,48 | 3,16 | 1,57 | 3,48 | 1,46 | 3,30 | 1,55 | 8,77 | 5,00 |
| **Min** | 3 | 1,79 | 11 | 2,13 | 0 | 2,21 | 9 | 2,06 | 52,00 | 9,03 |
| **Max** | 24 | 9,44 | 24 | 11,59 | 24 | 10,59 | 24 | 11,83 | 94,00 | 35,88 |

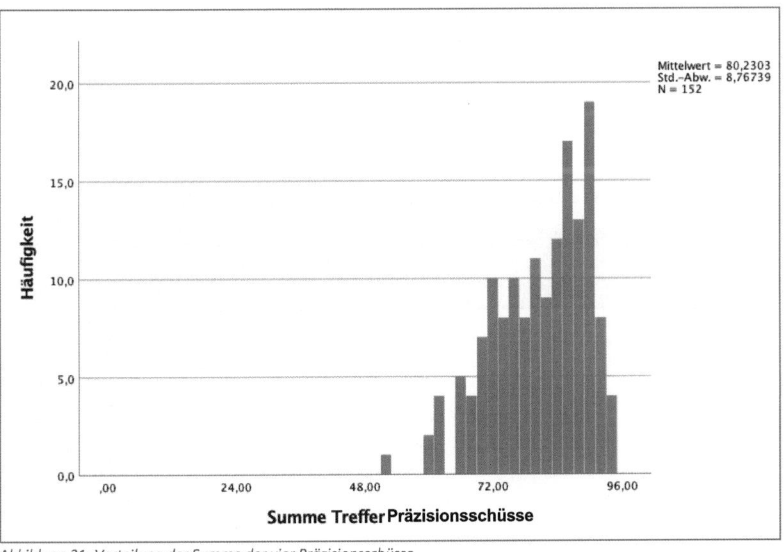


*Abbildung 31: Verteilung der Summe der vier Präzisionsschüsse*

#### *4.2.1.3.1.2 Grob visierter Schuss auf 24er-Ringscheibe*

Im Mittel treffen die Versuchspersonen beim grob visierten Schießen je Schuss ungefähr 19 Ringe und benötigen je Schuss im Durchschnitt ca. drei Sekunden (siehe Tabelle 101). Der Mittelwert der mit vier grob visierten Schüssen auf die 24er-Ringscheibe erzielten Summen beträgt 77,13. Um diesen streuen die Versuchspersonen (siehe Abbildung 32).

*Tabelle 101: Überblick über die Ergebnisse des grob visierten Schießens auf die 24er-Ringscheibe aus zehn Metern Entfernung (N=152)*

| | Schuss | | | | | | | | Serie | |
|---|---|---|---|---|---|---|---|---|---|---|
| | 1 | | 2 | | 3 | | 4 | | | |
| | Treffer | Zeit | Treffer | Zeit | Treffer | Zeit | Treffer | Zeit | Summe Treffer | Summ Zeit |
| **Ø** | 19,33 | 3,13 | 19,40 | 3,14 | 18,96 | 3,12 | 19,43 | 3,13 | 77,13 | 12,51 |
| **SD** | 3,75 | 1,15 | 3,92 | 1,09 | 3,88 | 1,02 | 3,89 | 0,95 | 9,91 | 3,59 |
| **Min** | 2 | 1,53 | 5 | 1,57 | 0 | 1,69 | 4 | 1,76 | 36,00 | 93,00 |
| **Max** | 24 | 9,10 | 24 | 8,86 | 24 | 8,38 | 24 | 7,59 | 6,80 | 29,83 |

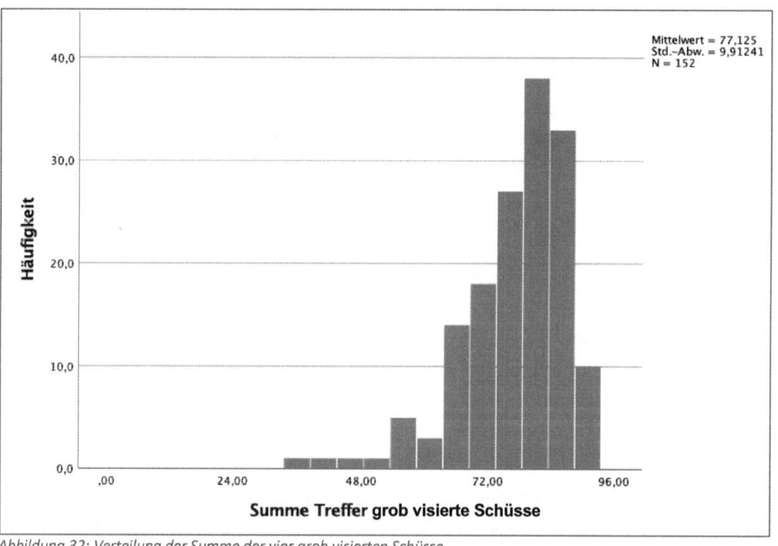


*Abbildung 32: Verteilung der Summe der vier grob visierten Schüsse*

Die Summe der Treffer der Präzisionsschüsse unterscheidet sich statistisch sehr signifikant (T=4,152, df=151, $Sig_{2\text{-seitig}}$ P=.000) von der Summe der Treffer der grob visierten Schüsse mit einer mittleren Effektstärke (Cohen`s d=.337).

#### 4.2.1.3.2 Experimentelle Schießbedingung

##### 4.2.1.3.2.1 Stehendes Schießen

Beim stehenden Schießen treffen 125 Versuchspersonen von 152 (=82,2 %) das Ziel mit dem ersten Schuss (siehe Tabelle 102). Mit dem zweiten Schuss sind es 106 (=69,7 %) und mit dem dritten 105 (=69,1 %). Weniger als die Hälfte der Personen treffen mit allen drei Schüssen. Ebenso viele treffen mit einem Schuss nicht. Ungefähr jeder Zehnte trifft nur mit einem Schuss von dreien. Drei von 100 treffen keinmal das Ziel.

*Tabelle 102: Überblick über die Ergebnisse des statischen Schießens auf ein statisches Ziel aus vier Metern Entfernung (N=152)*

| | Schuss | | | Trefferanzahl gesamte Serie | | | |
|---|---|---|---|---|---|---|---|
| | 1 Treffer | 2 Treffer | 3 Treffer | 0 | 1 | 2 | 3 |
| **Anzahl** | 125 | 106 | 105 | 5 | 21 | 63 | 63 |
| **%** | 82,2 % | 69,7 % | 69,1 % | 3,3 % | 13,8 % | 41,4 % | 41,4 % |
| **Ø Zeit (kumuliert)** | 2,13 | 2,66 | 3,19 | | | | |
| **SD-Zeit** | 0,38 | 0,47 | 0,61 | | | | |
| **Min-Zeit** | 1,39 | 1,79 | 2,09 | | | | |
| **Max-Zeit** | 3,36 | 3,95 | 5,30 | | | | |

##### 4.2.1.3.2.2 Schießen aus/in der Bewegung

Beim Schießen aus oder in der Bewegung treffen 98 Versuchspersonen von 152 (=64,5 %) mit dem ersten Schuss (siehe Tabelle 103). Mit dem zweiten Schuss sind es noch 89 (=58,6 %) und mit dem dritten 63 (=41,4 %). Nur jeder Fünfte trifft mit allen drei Schüssen, jeweils ein Drittel trifft mit einem Schuss nicht bzw. trifft nur mit einem Schuss von dreien. Mehr als jeder Zehnte treffen keinmal das Ziel.

*Tabelle 103: Überblick über die Ergebnisse des dynamischen Schießens auf ein statisches Ziel aus vier Metern Entfernung (N=152)*

| | Schuss | | | Trefferanzahl gesamte Serie | | | |
|---|---|---|---|---|---|---|---|
| | 1 Treffer | 2 Treffer | 3 Treffer | 0 | 1 | 2 | 3 |
| **Anzahl** | 98 | 89 | 63 | 21 | 45 | 53 | 33 |
| **%** | 64,5 % | 58,6 % | 41,4 % | 13,8 % | 29,6 % | 34,9 % | 21,7 % |
| **Ø Zeit (kumuliert)** | 2,43 | 3,01 | 3,62 | | | | |
| **SD-Zeit** | 0,52 | 0,61 | 0,74 | | | | |
| **Min-Zeit** | 1,63 | 2,01 | 2,24 | | | | |
| **Max-Zeit** | 4,16 | 4,68 | 5,96 | | | | |

Der Unterschied zwischen der Summe der Treffer beim stehenden Schießen zur Summe der Treffer beim Schießen in oder aus der Bewegung ist statistisch sehr signifikant (T=-5,953, df=151, $Sig_{2\text{-seitig}}$ P=.000) mit einer fast mittleren Effektstärke (Cohen`s d=-0,483). Dies bedeutet, dass die Personen stehend besser treffen als in oder aus der Bewegung.

#### *4.2.1.3.3 Einflüsse*

##### *4.2.1.3.3.1 Grundlegende Schießfertigkeit*

###### *4.2.1.3.3.1.1 Präzisionsschießen*

Um zu prüfen, ob die Schießfähigkeit beim Präzisionsschießen auf das Schießen in bzw. aus der Bewegung bzw. statisches Schießen einen Einfluss hat, wurden die Versuchspersonen gemäß ihrer Leistung beim Präzisionsschießen in drei Gruppen aufgeteilt:

- Unteres Drittel: bis einschließlich 76 Ringe (vier Schuss 24er-Ringscheibe) (=33,6 %)
- Mittleres Drittel: 77–85 Ringe (vier Schuss 24er-Ringscheibe) (=32,2 %)
- Oberes Drittel: ab einschließlich 86 Ringe (vier Schuss 24er-Ringscheibe) (=34,2 %)

Bei der Überprüfung des Einflusses der Schießfähigkeit beim Präzisionsschießen auf das stehende bzw. sich bewegende Schießen mittels mehrfaktorieller Varianzanalyse (drei Leistungsgruppen) mit Messwiederholung (stehend vs. sich bewegend) erweisen sich der Haupteffekt Dynamik wie auch der Haupteffekt der Leistung beim Präzisionsschießen als statistisch sehr signifikant (siehe Tabelle 105 und

Tabelle 106). Der Interaktionseffekt ist statistisch knapp nicht signifikant (siehe Tabelle 105). Dies bedeutet, dass sich die drei Leistungsgruppen statistisch signifikant hinsichtlich ihrer Schießleistungen beim stehenden wie auch sich bewegenden Schießen unterscheiden. Ebenso unterscheiden sich die Schießleistungen beim stehenden Schießen von denen beim Schießen in/aus der Bewegung.

*Tabelle 104: Deskriptive Statistik der Schießergebnisse beim statischen Schießen und Schießen aus/in der Bewegung auf ein statisches Ziel für die drei Leistungsgruppen beim Präzisionsschießen*

| | Qualität Präzschießen | Mittelwert | SD | N |
|---|---|---|---|---|
| Summe Treffer stehend | schlechte Präz-Schütz*innen | 2,0000 | ,82462 | 51 |
| | mittlere Präz-Schütz*innen | 2,3878 | ,70167 | 49 |
| | gute Präz-Schütz*innen | 2,2500 | ,83725 | 52 |
| Summe Treffer sich bewegend | schlechte Präz-Schütz*innen | 1,3137 | 1,04862 | 51 |
| | mittlere Präz-Schütz*innen | 1,6327 | ,97241 | 49 |
| | gute Präz-Schütz*innen | 1,9808 | ,77940 | 52 |

*Tabelle 105: Tests der Innersubjektkontraste*

| Quelle | Typ III Quadratsumme | df | Mittel der Quadrate | F | Sig. |
|---|---|---|---|---|---|
| Dynamik | 24,695 | 1 | 24,695 | 36,745 | ,000** |
| Dynamik * Qual_Präz | 3,535 | 2 | 1,767 | 2,630 | ,075 |
| Fehler (Dynamik) | 100,136 | 149 | ,672 | | |

*Tabelle 106: Tests der Zwischensubjekteffekte*

| Quelle | Typ III Quadratsumme | df | Mittel der Quadrate | F | Sig. |
|---|---|---|---|---|---|
| Konstanter Term | 1128,728 | 1 | 1128,728 | 1349,813 | ,000 |
| Qual_Präz | 11,813 | 2 | 5,906 | 7,063 | ,001** |
| Fehler | 124,595 | 149 | ,836 | | |

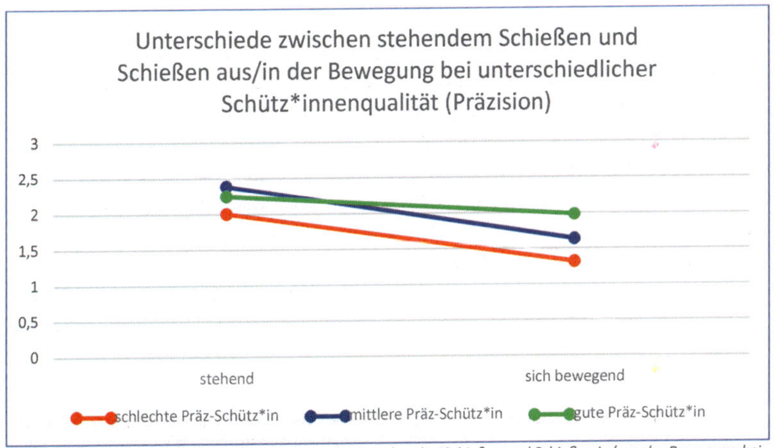


*Abbildung 33: Unterschiede der Trefferleistungen beim stehenden Schießen und Schießen in/aus der Bewegung bei unterschiedlichen Leistungsgruppen beim Präzisionsschießen*

##### *4.2.1.3.3.1.2 Grob visiertes Schießen*

Um zu prüfen, ob die Schießfähigkeit beim grob visierten Schießen auf das Schießen in bzw. aus der Bewegung bzw. im Stehen einen Einfluss hat, wurden die Versuchspersonen gemäß ihrer Leistung beim grob visierten Schießen in drei Gruppen aufgeteilt:

- Unteres Drittel: bis einschließlich 75 Ringe (vier Schuss 24er-Ringscheibe) (=33,6 %)
- Mittleres Drittel: 76–82 Ringe (vier Schuss 24er-Ringscheibe) (=34,2 %)

- Oberes Drittel: ab einschließlich 83 Ringe (vier Schuss 24er-Ringscheibe) (=32,2 %)

Bei der Überprüfung des Einflusses der Schießfähigkeit beim grob visierten Schießen auf das stehende Schießen bzw. Schießen aus/in der Bewegung mittels mehrfaktorieller Varianzanalyse (drei Leistungsgruppen) mit Messwiederholung (stehend vs. sich bewegend) findet sich der Haupteffekt der Leistung beim grob visierten Schießen wie auch die Bewegung (stehend vs. sich bewegend) als statistisch sehr signifikant (siehe Tabelle 108 und Tabelle 109). Der Interaktionseffekt zeigt sich als statistisch nicht signifikant (siehe Tabelle 108). Dies bedeutet, dass sich die drei Leistungsgruppen statistisch signifikant hinsichtlich ihrer Schießleistungen beim stehenden wie auch sich bewegenden Schießen unterschieden. Auch ist das Schießen in/aus der Bewegung im Trefferergebnis schlechter als beim stehenden Schießen.

*Tabelle 107: Deskriptive Statistik der Schießergebnisse beim statischen Schießen und Schießen aus/in der Bewegung auf ein statisches Ziel für die drei Leistungsgruppen beim grob visierten Schießen*

| | Qualität grob visiertes Schießen | Mittelwert | Standard-abweichung | N |
|---|---|---|---|---|
| Summe Treffer stehend | schlechte Schütz*innen | 2,0588 | ,83455 | 51 |
| | mittlere Schütz*innen | 2,2500 | ,73764 | 52 |
| | gute Schütz*innen | 2,3265 | ,82633 | 49 |
| Summe Treffer sich bewegend | schlechte Schütz*innen | 1,3529 | ,99646 | 51 |
| | mittlere Schütz*innen | 1,7885 | ,93592 | 52 |
| | gute Schütz*innen | 1,7959 | ,93496 | 49 |

*Tabelle 108: Tests der Innersubjektkontraste*

| Quelle | Typ III Quadratsumme | df | Mittel der Quadrate | F | Sig. |
|---|---|---|---|---|---|
| Dynamik | 24,333 | 1 | 24,333 | 35,249 | ,000** |
| Dynamik * Qual_Deut | ,813 | 2 | ,407 | ,589 | ,556 |
| Fehler (Dynamik) | 102,858 | 149 | ,690 | | |

*Tabelle 109: Tests der Zwischensubjekteffekte*

| Quelle | Typ III Quadratsumme | df | Mittel der Quadrate | F | Sig. |
|---|---|---|---|---|---|
| Konstanter Term | 1130,246 | 1 | 1130,246 | 1307,802 | ,000 |
| Qual_Deut | 7,637 | 2 | 3,819 | 4,419 | ,014* |
| Fehler | 128,771 | 149 | ,864 | | |

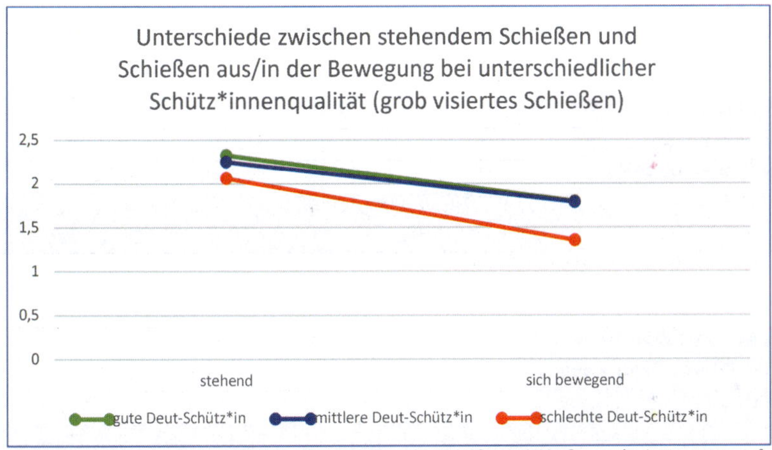


*Abbildung 34: Unterschiede der Trefferleistungen beim statischen Schießen und Schießen aus/in der Bewegung auf ein statisches Ziel für unterschiedliche Leistungsgruppen beim grob visierten Schießen*

#### *4.2.1.3.3.2 Schießgeschwindigkeit*

Um den Einfluss der Schießgeschwindigkeit zu prüfen, wurde die Summe der Treffer beim Schießen in/aus der Bewegung mit den unterschiedlichen Schießzeiten korreliert. Es findet sich für jede Schießzeit des Schießens in/aus der Bewegung ein statistisch signifikanter Zusammenhang mit der Trefferleistung beim Schießen in/aus der Bewegung (siehe Tabelle 110). Dabei ist dieser Zusammenhang eher gering bis mittel. Inhaltlich zeigt sich, dass je schneller geschossen wird, desto besser wird beim Schießen in/aus der Bewegung getroffen. Kein Zusammenhang findet sich mit den übrigen Schießzeiten.

*Tabelle 110: Statistische Zusammenhänge verschiedener Schießzeiten mit der Anzahl an Treffern beim Schießen in/aus der Bewegung auf ein statisches Ziel (horizontale Bewegung) (N=152)*

| | **Summe Treffer sich bewegend** | |
|---|---|---|
| | Pearson-Korrelation | Sig. (2-seitig) |
| Zeit für 1. Schuss sich bewegend | -.382** | .000 |
| Zeit für 1. + 2. Schuss sich bewegend | -.347** | .000 |
| Zeit für 1. + 2. + 3. Schuss sich bewegend | -.352** | .000 |
| Zeit für 4 Präzisionsschüsse | -.113 | .167 |
| Zeit für 4 grob visierte Schüsse | -.095 | .243 |
| Zeit für 1. + 2. + 3. Schuss stehend | -.078 | .342 |

##### *4.2.1.3.3.3 Schießtaktik*

Es findet sich kein statistisch signifikanter Unterschied der Trefferleistungen beim Schießen in/aus der Bewegung zwischen den beiden Schießtaktiken (siehe Tabelle 113). Es macht also keinen Unterschied, ob in oder aus der Bewegung geschossen wird. Die Trefferleistung ist bei beiden Schießtaktiken gleich. Dabei ist zu bemerken, dass die Anzahl derer, die beim Schießen weitergelaufen ist, sehr klein ist.

*Tabelle 111: Deskriptive Statistik für unterschiedliche Schießtaktiken*

| | N | Mittelwert | Standardabweichung |
|---|---|---|---|
| Stoppt beim Schießen (Schießen aus der Bewegung) | 141 | 1,6099 | ,96194 |
| Läuft weiter beim Schießen (Schießen in der Bewegung) | 6 | 2,1667 | 1,16905 |

*Tabelle 112: Levene-Test der Varianzgleichheit für die unterschiedlichen Schießtaktiken*

| Levene-Test der Varianzgleichheit | | F | Sig. |
|---|---|---|---|
| Schießen in/aus der Bewegung | Varianzen gleich | ,000 | ,982 |
| | Varianzen ~~gleich~~ | | |

*Tabelle 113: T-Test für die unterschiedlichen Schießtaktiken*

| T-Test | T | df | Sig. (2-seitig) | mittlere Differenz | Standardfehler-differenz | Cohen's d |
|---|---|---|---|---|---|---|
| Varianzen gleich | 1,377 | 145 | ,171 | ,55674 | ,40426 | .574 |
| Varianzen ~~gleich~~ | 1,150 | 5,292 | ,299 | ,55674 | ,48409 | |

##### *4.2.1.3.3.4 Übungsreihenfolge*

Es findet sich kein statistisch signifikanter Unterschied der Trefferleistungen beim stehenden Schießen wie auch beim Schießen aus/in der Bewegung zwischen den beiden Reihenfolgen (siehe Tabelle 116). Es macht also keinen Unterschied, ob zunächst stehend und dann in/aus der Bewegung geschossen wird oder umgekehrt. Die Trefferleistung ist bei beiden Reihenfolgen gleich.

*Tabelle 114: Deskriptive Statistik für die beiden Reihenfolgen*

| | Reihenfolge | N | Mittelwert | SD |
|---|---|---|---|---|
| stehend | 1. stehend – 2. sich bewegend | 82 | 2,1341 | ,81289 |
| | 1. sich bewegend – 2. stehend | 70 | 2,3000 | ,78666 |
| sich bewegend | 1. stehend – 2. sich bewegend | 82 | 1,5122 | ,97175 |
| | 1. sich bewegend – 2. stehend | 70 | 1,8000 | ,95705 |

*Tabelle 115: Levene-Test der Varianzgleichheit für die unterschiedlichen Reihenfolgen*

| Levene-Test der Varianzgleichheit | | F | Sig. |
|---|---|---|---|
| stehend | Varianzen gleich | ,121 | ,729 |
| | Varianzen ~~gleich~~ | | |
| sich bewegend | Varianzen gleich | ,332 | ,565 |
| | Varianzen ~~gleich~~ | | |

*Tabelle 116: T-Test für die unterschiedlichen Reihenfolgen*

| T-Test | | T | df | Sig. (2-seitig) | mittlere Differenz | Standard-fehler-differenz | Cohen's d |
|---|---|---|---|---|---|---|---|
| stehend | Varianzen gleich | -1,273 | 150 | ,205 | -,16585 | ,13034 | -,207 |
| | Varianzen ~~gleich~~ | -1,276 | 147,631 | ,204 | -,16585 | ,13000 | |
| sich bewegend | Varianzen gleich | -1,833 | 150 | ,069 | -,28780 | ,15704 | -,298 |
| | Varianzen ~~gleich~~ | -1,835 | 146,943 | ,069 | -,28780 | ,15685 | |

#### 4.2.1.4 Zielgerichtet

Teilgenommen haben 179 Schütz*innen. Bei 33 fehlten bei einem oder mehreren Ergebnissen Angaben (Anlage zeigte keinen Treffer oder die dazugehörige Zeit) oder es wurden nicht plausible Werte (Treffer auf der 24er-Ringscheibe>24) notiert, sodass 146 vollständige Datensätze vorhanden waren.

##### *4.2.1.4.1 Basis-Schießfertigkeit*

###### *4.2.1.4.1.1 Präzisionsschuss auf 24er-Ringscheibe*

Im Mittel treffen die Versuchspersonen beim Präzisionsschießen je Schuss ungefähr 20 Ringe und benötigen je Schuss im Durchschnitt um die viereinhalb Sekunden (siehe Tabelle 117). Der Mittelwert der mit vier Präzisionsschüssen auf die 24er-Ringscheibe erzielten Summen beträgt 82,14. Um diesen Wert streuen die Versuchspersonen (siehe Abbildung 35).

*Tabelle 117: Überblick über die Ergebnisse des Präzisionsschießens auf die 24er-Ringscheibe aus zehn Metern Entfernung (N=146)*

| | Schuss | | | | | | | | Serie | |
|---|---|---|---|---|---|---|---|---|---|---|
| | 1 | | 2 | | 3 | | 4 | | | |
| | Treffer | Zeit | Treffer | Zeit | Treffer | Zeit | Treffer | Zeit | Summe Treffer | Summ Zeit |
| **Ø** | 20,82 | 4,69 | 20,39 | 4,39 | 20,32 | 4,35 | 20,62 | 4,41 | 82,14 | 17,84 |
| **SD** | 2,64 | 1,86 | 3,44 | 1,43 | 3,68 | 1,78 | 3,01 | 1,71 | 8,04 | 4,89 |
| **Min** | 12 | 2,08 | 5 | 1,73 | 2 | 1,88 | 4 | 1,77 | 53,00 | 9,92 |
| **Max** | 24 | 15,82 | 24 | 11,03 | 24 | 19,10 | 24 | 11,73 | 95,00 | 40,70 |

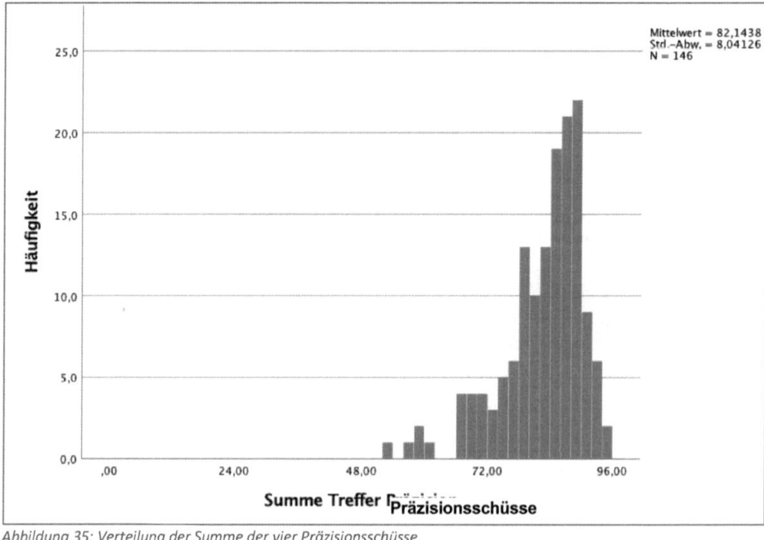


*Abbildung 35: Verteilung der Summe der vier Präzisionsschüsse*

#### *4.2.1.4.1.2 Grob visierter Schuss auf 24er-Ringscheibe*

Im Mittel treffen die Versuchspersonen beim grob visierten Schießen je Schuss ungefähr 19 Ringe und benötigen je Schuss im Durchschnitt drei Sekunden (siehe Tabelle 118). Der Mittelwert der mit vier grob visierten Schüssen auf die 24er-Ringscheibe erzielten Summen beträgt 76,62. Um diesen streuen die Versuchspersonen (siehe Abbildung 36).

*Tabelle 118: Überblick über die Ergebnisse des grob visierten Schießens auf die 24er-Ringscheibe aus zehn Metern Entfernung (N=146)*

| | Schuss | | | | | | | | Serie | |
|---|---|---|---|---|---|---|---|---|---|---|
| | 1 | | 2 | | 3 | | 4 | | | |
| | Treffer | Zeit | Treffer | Zeit | Treffer | Zeit | Treffer | Zeit | Summe Treffer | Summe Zeit |
| ∅ | 18,71 | 2,95 | 19,19 | 3,05 | 19,38 | 3,09 | 19,34 | 3,04 | 76,62 | 12,14 |
| SD | 4,05 | 1,04 | 4,39 | 1,22 | 3,53 | 1,43 | 3,88 | 0,84 | 9,61 | 3,25 |
| Min | 0 | 0,73 | 0 | 1,91 | 8 | 1,67 | 2 | 1,75 | 44 | 7,79 |
| Max | 24 | 11,46 | 24 | 11,37 | 24 | 16,14 | 24 | 5,47 | 91 | 29,12 |

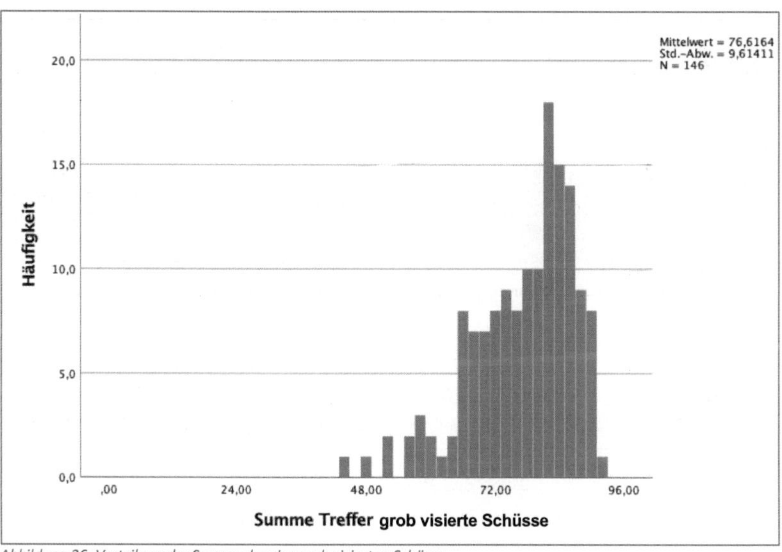


*Abbildung 36: Verteilung der Summe der vier grob visierten Schüsse*

Die Summe der Treffer der Präzisionsschüsse unterscheidet sich statistisch sehr signifikant (T=6,533, df=145, $Sig_{2\text{-seitig}}$ P=.000) von der Summe der Treffer der grob visierten Schüsse mit einer mittleren Effektstärke (Cohen`s d=.541).

#### *4.2.1.4.2 Experimentellel Schießbedingung*

##### *4.2.1.4.2.1 Stehendes Schießen*

Beim stehenden Schießen treffen 121 Versuchspersonen von 146 (=82,9 %) dieses mit dem ersten Schuss (siehe Tabelle 119). Mit dem zweiten Schuss sind es 113 (=77,4 %) und mit dem dritten 91 (=62,3 %). Die Hälfte der Personen treffen mit allen drei Schüssen, ein Drittel trifft mit einem Schuss nicht. Etwas mehr als jeder Zehnte trifft nur mit einem Schuss von dreien. Ungefähr jeder Zwanzigste trifft keinmal das Ziel.

*Tabelle 119: Überblick über die Ergebnisse beim statischen Schießen auf ein statisches Ziel aus vier Metern Entfernung (N=146)*

| | Schuss | | | Trefferanzahl gesamte Serie | | | |
|---|---|---|---|---|---|---|---|
| | 1 Treffer | 2 Treffer | 3 Treffer | 0 | 1 | 2 | 3 |
| **Anzahl** | 121 | 113 | 91 | 8 | 21 | 47 | 70 |
| **%** | 82,9 % | 77,4 % | 62,3 % | 5,5 % | 14,4 % | 32,2 % | 47,9 % |
| **Ø Zeit** (kumuliert) | 2,14 | 2,72 | 3,26 | | | | |
| **SD-Zeit** | 0,39 | 0,49 | 0,62 | | | | |
| **Min-Zeit** | 1,41 | 1,75 | 1,99 | | | | |
| **Max-Zeit** | 4,00 | 4,76 | 5,23 | | | | |

##### *4.2.1.4.2.2 Schießen aus/in der Bewegung*

Beim Schießen aus oder in der Bewegung treffen 99 Versuchspersonen von 146 (=67,8 %) mit dem ersten Schuss (siehe Tabelle 120). Mit dem zweiten Schuss sind es noch 90 (=61,6 %) und mit dem dritten 69 (=47,3 %). Nur etwa ein Viertel der Personen trifft mit allen drei Schüssen, ein Drittel trifft mit einem Schuss nicht. Fast ebenso viele treffen nur mit einem Schuss von dreien. Jeder zehnte trifft keinmal das Ziel.

*Tabelle 120: Überblick über die Ergebnisse des Schießens aus/in der Bewegung auf ein statisches Ziel aus vier Metern Entfernung (N=146)*

| | Schuss | | | Trefferanzahl gesamte Serie | | | |
|---|---|---|---|---|---|---|---|
| | 1 Treffer | 2 Treffer | 3 Treffer | 0 | 1 | 2 | 3 |
| **Anzahl** | 99 | 90 | 69 | 16 | 42 | 48 | 40 |
| **%** | 67,8 % | 61,6 % | 47,3 % | 11,0 % | 28,8 % | 32,9 % | 27,4 % |
| **Ø Zeit** (kumuliert) | 2,36 | 2,98 | 3,58 | | | | |
| **SD-Zeit** | 0,44 | 0,53 | 0,70 | | | | |
| **Min-Zeit** | 1,16 | 1,64 | 1,88 | | | | |
| **Max-Zeit** | 3,79 | 4,53 | 5,58 | | | | |

Der Unterschied zwischen der Summe der Treffer beim stehenden Schießen zur Summe der Treffer beim Schießen in oder aus der Bewegung ist statistisch sehr signifikant (T=-4,791, df=145, $Sig_{2\text{-seitig}}$ P=.000) mit einer geringen bis mittleren Effektstärke (Cohen`s d=-0.396). Dies bedeutet, dass die Personen stehend besser treffen als in oder aus der Bewegung.

##### *4.2.1.4.3 Einflüsse*

###### *4.2.1.4.3.1 Grundlegende Schießfertigkeit*

###### *4.2.1.4.3.1.1 Präzisionsschießen*

Um zu prüfen, ob die Schießfähigkeit beim Präzisionsschießen auf das Schießen in bzw. aus der Bewegung einen Einfluss hat, wurden die Versuchspersonen gemäß ihrer Leistung beim Präzisionsschießen in drei Gruppen aufgeteilt:

- Unteres Drittel: bis einschließlich 80 Ringe (vier Schuss 24er-Ringscheibe) (=32,9 %)
- Mittleres Drittel: 81–86 Ringe (vier Schuss 24er-Ringscheibe) (=30,8 %)
- Oberes Drittel: ab einschließlich 87 Ringe (vier Schuss 24er-Ringscheibe) (=36,3 %)

Bei der Überprüfung des Einflusses der Schießfähigkeit beim Präzisionsschießen auf das stehend bzw. sich bewegende Schießen mittels mehrfaktorieller Varianzanalyse (drei Leistungsgruppen) mit Messwiederholung (stehend vs. sich bewegend) erweisen sich der Haupteffekt der Leistung beim Präzisionsschießen (siehe Tabelle 123) sowie Haupteffekt der Dynamik (stehend vs. sich bewegend ; siehe Tabelle 122) als statistisch sehr signifikant. Der Interaktionseffekt zeigt sich statistisch nicht signifikant. Dies bedeutet, dass sich die drei Leistungsgruppen statistisch signifikant hinsichtlich ihrer Schießleistungen beim stehenden wie auch sich bewegenden Schießen unterscheiden. Des Weiteren sind die Schießleistungen beim stehenden Schießen besser als beim Schießen in/aus der Bewegung.

*Tabelle 121: Deskriptive Statistik der Schießergebnisse beim statischen Schießen und Schießen aus/in der Bewegung auf ein statisches Ziel für die drei Leistungsgruppen beim Präzisionsschießen*

| | Qualität Präzschießen | Mittelwert | SD | N |
|---|---|---|---|---|
| Summe Treffer stehend | schlechte Präz-Schütz*innen | 1,8750 | ,98121 | 48 |
| | mittlere Präz-Schütz*innen | 2,4222 | ,78303 | 45 |
| | gute Präz-Schütz*innen | 2,3774 | ,81397 | 53 |
| Summe Treffer sich bewegend | Schlechte-Präz Schütz*innen | 1,4167 | ,94155 | 48 |
| | mittlere Präz-Schütz*innen | 1,6889 | ,99595 | 45 |
| | gute Präz-Schütz*innen | 2,1509 | ,86372 | 53 |

*Tabelle 122: Tests der Innersubjektkontraste*

| Quelle | Typ III Quadratsumme | df | Mittel der Quadrate | F | Sig. |
|---|---|---|---|---|---|
| Dynamik | 16,237 | 1 | 16,237 | 24,702 | ,000** |
| Dynamik * Qual_Präz | 3,127 | 2 | 1,563 | 2,378 | ,096 |
| Fehler (Dynamik) | 94,000 | 143 | ,657 | | |

*Tabelle 123: Tests der Zwischensubjekteffekte*

| Quelle | Typ III Quadratsumme | df | Mittel der Quadrate | F | Sig. |
|---|---|---|---|---|---|
| Konstanter Term | 1149,408 | 1 | 1149,408 | 1201,638 | ,000 |
| Qual_Präz | 19,712 | 2 | 9,856 | 10,304 | ,000** |
| Fehler | 136,784 | 143 | ,957 | | |

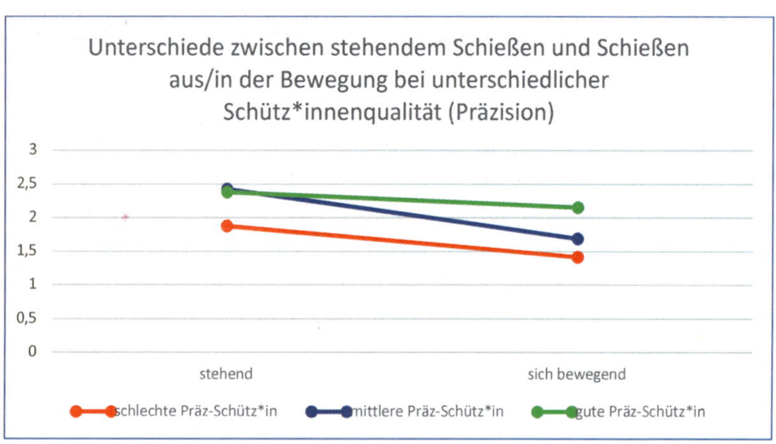


*Abbildung 37: Unterschiede der Trefferleistungen beim stehenden Schießen und Schießen in/aus der Bewegung bei unterschiedlichen Leistungsgruppen beim Präzisionsschießen*

##### *4.2.1.4.3.1.2 Grob visiertes Schießen*

Um zu prüfen, ob die Schießfähigkeit beim grob visierten Schießen sich auf das Schießen in bzw. aus der Bewegung einen Einfluss hat, wurden die Versuchspersonen gemäß ihrer Leistung beim grob visierten Schießen in drei Gruppen aufgeteilt:

- Unteres Drittel: bis einschließlich 73 Ringe (vier Schuss 24er-Ringscheibe) (=34,2 %)
- Mittleres Drittel: 74–82 Ringe (vier Schuss 24er-Ringscheibe) (=33,6 %)
- Oberes Drittel: ab einschließlich 83 Ringe (vier Schuss 24er-Ringscheibe) (=32,2 %)

Bei der Überprüfung des Einflusses der Schießfähigkeit beim grob visierten Schießen auf das stehende Schießen bzw. Schießen aus/in der Bewegung mittels mehrfaktorieller Varianzanalyse (drei Leistungsgruppen) mit Messwiederholung (stehend vs. sich bewegend) findet sich der Haupteffekt Dynamik (stehend vs. sich bewegend) als statistisch sehr signifikant (siehe Tabelle 125), während der Haupteffekt der Leistung beim grob visierten Schießen statistisch nicht signifikant ist (siehe Tabelle 126). Der Interaktionseffekt zeigt sich als statistisch nicht signifikant (siehe Tabelle 125). Dies bedeutet, dass sich die drei Leistungsgruppen beim grob visierten Schießen statistisch hinsichtlich ihrer Schießleistungen beim stehenden und sich bewegenden Schießen nicht unterscheiden. Dabei sind die Schießergebnisse insgesamt beim Schießen in/aus der Bewegung schlechter als beim stehenden Schießen.

*Tabelle 124: Deskriptive Statistik der Schießergebnisse beim statischen Schießen und Schießen aus/in der Bewegung auf ein statisches Ziel für die drei Leistungsgruppen beim grob visierten Schießen*

| | Qualität grob visiertes Schießen | Mittelwert | SD | N |
|---|---|---|---|---|
| Summe Treffer stehend | schlechte Schütz*innen | 2,0800 | ,98644 | 50 |
| | mittlere Schütz*innen | 2,2245 | ,82324 | 49 |
| | gute Schütz*innen | 2,3830 | ,84835 | 47 |
| Summe Treffer sich bewegend | schlechte Schütz*innen | 1,5600 | ,99304 | 50 |
| | mittlere Schütz*innen | 1,7755 | ,91891 | 49 |
| | gute Schütz*innen | 1,9787 | ,98884 | 47 |

*Tabelle 125: Tests der Innersubjektkontraste*

| Quelle | Typ III Quadratsumme | df | Mittel der Quadrate | F | Sig. |
|---|---|---|---|---|---|
| Dynamik | 15,286 | 1 | 15,286 | 22,544 | ,000** |
| Dynamik * Qual_Deut | ,166 | 2 | ,083 | ,122 | ,885 |
| Fehler (Dynamik) | 96,961 | 143 | ,678 | | |

*Tabelle 126: Tests der Zwischensubjekteffekte*

| Quelle | Typ III Quadratsumme | df | Mittel der Quadrate | F | Sig. |
|---|---|---|---|---|---|
| Konstanter Term | 1167,556 | 1 | 1167,556 | 1111,695 | ,000 |
| Qual_Deut | 6,311 | 2 | 3,156 | 3,005 | ,053 |
| Fehler | 150,186 | 143 | 1,050 | | |

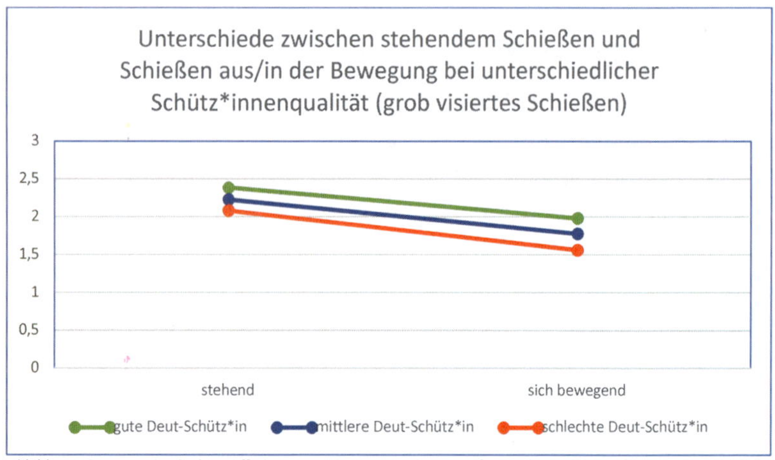


*Abbildung 38: Unterschiede der Trefferleistungen beim statischen Schießen und Schießen aus/in der Bewegung auf ein statisches Ziel für unterschiedliche Leistungsgruppen beim grob visierten Schießen*

#### *4.2.1.4.3.2 Schießgeschwindigkeit*

Um den Einfluss der Schießgeschwindigkeit zu prüfen, wurde die Summe der Treffer beim Schießen in/aus der Bewegung mit den unterschiedlichen Schießzeiten korreliert. Es findet sich für drei Schießzeiten ein statistisch signifikanter Zusammenhang mit der Trefferleistung beim Schießen in/aus der Bewegung (siehe Tabelle 127). Dabei ist dieser Zusammenhang eher gering. Inhaltlich zeigt sich, dass je schneller beim Schießen aus/in der Bewegung bzw. bei den grob visierten Schüssen in der Basisübung geschossen wird, desto besser wird beim Schießen in/aus der Bewegung getroffen.

*Tabelle 127: Statistische Zusammenhänge verschiedener Schießzeiten mit der Anzahl an Treffern beim Schießen in/aus der Bewegung (N=164)*

| | **Summe Treffer sich bewegend** | |
|---|---|---|
| | Pearson-Korrelation | Sig. (2-seitig) |
| Zeit für 1. Schuss sich bewegend | -.127 | .128 |
| Zeit für 1. + 2. Schuss sich bewegend | -.202* | .015 |
| Zeit für 1. + 2. + 3. Schuss sich bewegend | -.210* | .011 |
| Zeit für 4 Präzisionsschüsse | -.130 | .118 |
| Zeit für 4 grob visierte Schüsse | -.230** | .005 |
| Zeit für 1. + 2. + 3. Schuss stehend | -.099 | .236 |

#### 4.2.1.4.3.3 *Schießtaktik*

Es findet sich kein statistisch signifikanter Unterschied der Trefferleistungen beim Schießen in/aus der Bewegung zwischen den beiden Schießtaktiken (siehe Tabelle 130). Es macht also keinen Unterschied, ob in oder aus der Bewegung geschossen wird. Die Trefferleistung ist bei beiden Schießtaktiken gleich. Dabei ist zu bemerken, dass die Anzahl derer, die beim Schießen weitergelaufen ist, sehr klein ist.

*Tabelle 128: Deskriptive Statistik für unterschiedliche Schießtaktiken*

| | N | Mittelwert | Standardabweichung |
|---|---|---|---|
| Stoppt beim Schießen (Schießen aus der Bewegung) | 123 | 1,7967 | ,97476 |
| Läuft weiter beim Schießen (Schießen in der Bewegung) | 11 | 1,5455 | ,93420 |

*Tabelle 129: Levene-Test der Varianzgleichheit für die unterschiedlichen Schießtaktiken*

| Levene-Test der Varianzgleichheit | | F | Sig. |
|---|---|---|---|
| Schießen in/aus der Bewegung | Varianzen gleich | ,192 | ,662 |
| | Varianzen ~~gleich~~ | | |

*Tabelle 130: T-Test für die unterschiedlichen Schießtaktiken*

| T-Test | T | df | Sig. (2-seitig) | mittlere Differenz | Standardfehler-differenz | Cohen's d |
|---|---|---|---|---|---|---|
| Varianzen gleich | -,822 | 132 | ,413 | -,25129 | ,30581 | -,259 |
| Varianzen ~~gleich~~ | -,852 | 12,033 | ,411 | -,25129 | ,29507 | |

#### 4.2.1.4.3.4 *Übungsreihenfolge*

Es findet sich kein statistisch signifikanter Unterschied der Trefferleistungen beim stehenden Schießen wie auch beim Schießen aus/in der Bewegung zwischen den beiden Reihenfolgen (siehe Tabelle 133). Es macht also keinen Unterschied, ob zunächst stehend und dann in/aus der Bewegung geschossen wird oder umgekehrt. Die Trefferleistung ist bei beiden Reihenfolgen gleich.

*Tabelle 131: Deskriptive Statistik für die beiden Reihenfolgen*

| | Reihenfolge | N | Mittelwert | SD |
|---|---|---|---|---|
| stehend | 1. stehend – 2. sich bewegend | 85 | 2,2471 | ,85782 |
| | 1. sich bewegend – 2. stehend | 61 | 2,1967 | ,94551 |
| sich bewegend | 1. stehend – 2. sich bewegend | 85 | 1,7647 | ,95925 |
| | 1. sich bewegend – 2. stehend | 61 | 1,7705 | 1,00654 |

*Tabelle 132: Levene-Test der Varianzgleichheit für die unterschiedlichen Reihenfolgen*

| Levene-Test der Varianzgleichheit | | F | Sig. |
|---|---|---|---|
| stehend | Varianzen gleich | ,204 | ,652 |
| | Varianzen ~~gleich~~ | | |
| sich bewegend | Varianzen gleich | ,418 | ,519 |
| | Varianzen ~~gleich~~ | | |

*Tabelle 133: T-Test für die unterschiedlichen Reihenfolgen*

| T-Test | | T | df | Sig. (2-seitig) | mittlere Differenz | Standard-fehler-differenz | Cohen' |
|---|---|---|---|---|---|---|---|
| stehend | Varianzen gleich | ,335 | 144 | ,738 | ,05034 | ,15025 | ,056 |
| | Varianzen ~~gleich~~ | ,330 | 121,531 | ,742 | ,05034 | ,15268 | |
| sich bewegend | Varianzen gleich | -,035 | 144 | ,972 | -,00579 | ,16432 | -,006 |
| | Varianzen ~~gleich~~ | -,035 | 125,594 | ,972 | -,00579 | ,16563 | |

## 4.2.2 Bewegungsgeschwindigkeit

### 4.2.2.1 Langsam

Langsam entspricht der Untersuchungsbedingung „vorwärts“ (siehe 4.2.1.1).

### 4.2.2.2 Schnell

Teilgenommen haben 199 Schütz*innen. Bei 18 fehlten bei einem oder mehreren Ergebnissen Angaben (Anlage zeigte keinen Treffer oder die dazugehörige Zeit) oder wurden nicht plausible Werte (Treffer auf der 24er-Ringscheibe>24, Zeit zum Schießen>300) notiert, sodass 181 vollständige Datensätze vorhanden waren.

#### *4.2.2.2.1 Basis-Schießfertigkeit*

##### *4.2.2.2.1.1 Präzisionsschuss auf 24er-Ringscheibe*

Im Mittel treffen die Versuchspersonen beim Präzisionsschießen je Schuss ungefähr 21 Ringe und benötigen je Schuss im Durchschnitt ungefähr viereinhalb Sekunden (siehe Tabelle 134). Der Mittelwert der mit vier Präzisionsschüssen auf die 24er-Ringscheibe erzielten Summen beträgt 83,77. Um diesen Wert streuen die Versuchspersonen (siehe Abbildung 39).

*Tabelle 134: Überblick über die Ergebnisse des Präzisionsschießens auf die 24er-Ringscheibe aus zehn Metern Entfernung (N=181)*

| | **Schuss** | | | | | | | | **Serie** | |
|---|---|---|---|---|---|---|---|---|---|---|
| | **1** | | **2** | | **3** | | **4** | | | |
| | **Treffer** | **Zeit** | **Treffer** | **Zeit** | **Treffer** | **Zeit** | **Treffer** | **Zeit** | **Summe Treffer** | **Summe Zeit** |
| **Ø** | 21,06 | 4,84 | 21,04 | 4,56 | 21,03 | 4,63 | 20,64 | 4,54 | 83,77 | 18,57 |
| **SD** | 2,23 | 1,58 | 2,93 | 1,57 | 2,58 | 1,54 | 3,18 | 1,78 | 6,68 | 5,46 |
| **Min** | 11 | 2,52 | 2 | 1,98 | 8 | 1,46 | 7 | 1,52 | 54,00 | 95,00 |
| **Max** | 24 | 10,11 | 24 | 13,93 | 24 | 10,96 | 24 | 12,99 | 9,25 | 44,60 |

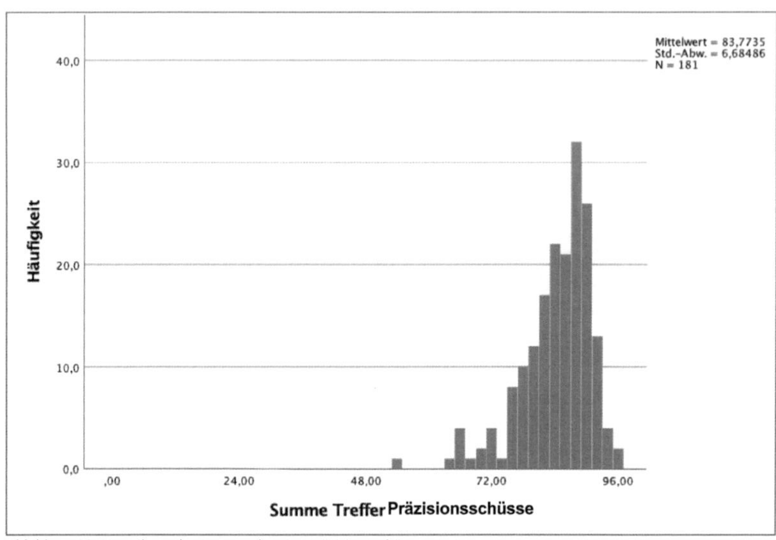


*Abbildung 39: Verteilung der Summe der vier Präzisionsschüsse*

#### *4.2.2.2.1.2 Grob visierter Schuss auf 24er-Ringscheibe*

Im Mittel treffen die Versuchspersonen beim grob visierten Schießen je Schuss ungefähr 19–20 Ringe und benötigen je Schuss im Durchschnitt ca. drei Sekunden (siehe Tabelle 135). Der Mittelwert der mit vier grob visierten Schüssen auf die 24er-Ringscheibe erzielten Summen beträgt 78,99. Um diesen streuen die Versuchspersonen (siehe Abbildung 40).

*Tabelle 135: Überblick über die Ergebnisse des grob visierten Schießens auf die 24er-Ringscheibe aus zehn Metern Entfernung (N=181)*

| | Schuss | | | | | | | | Serie | |
|---|---|---|---|---|---|---|---|---|---|---|
| | 1 | | 2 | | 3 | | 4 | | | |
| | Treffer | Zeit | Treffer | Zeit | Treffer | Zeit | Treffer | Zeit | Summe Treffer | Summ Zeit |
| **Ø** | 19,23 | 3,01 | 19,79 | 2,99 | 19,77 | 3,12 | 20,20 | 3,11 | 78,99 | 12,23 |
| **SD** | 4,02 | ,89 | 3,64 | 0,79 | 3,57 | 0,96 | 2,79 | 0,89 | 9,47 | 2,76 |
| **Min** | 0 | 1,76 | 5 | 1,90 | 4 | 1,78 | 5 | 1,80 | 33,00 | 7,78 |
| **Max** | 24 | 7,42 | 24 | 6,63 | 24 | 8,53 | 24 | 6,15 | 93,00 | 20,40 |

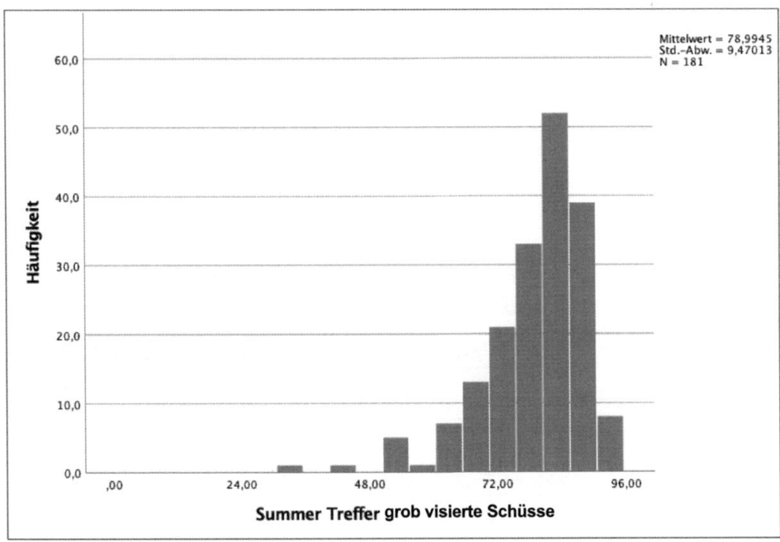


*Abbildung 40: Verteilung der Summe der vier grob visierten Schüsse*

Die Summe der Treffer der Präzisionsschüsse unterscheidet sich statistisch sehr signifikant (T=7,520, df=180, $Sig_{2\text{-seitig}}$ P=.000) von der Summe der Treffer der grob visierten Schüsse mit einer mittleren Effektstärke (Cohen`s d=.559).

#### *4.2.2.2.2 Experimentelle Schießbedingung*

##### *4.2.2.2.2.1 Stehendes Schießen*

Beim stehenden Schießen treffen 151 Versuchspersonen von 181 (=83,4 %) dieses mit dem ersten Schuss (siehe Tabelle 136). Mit dem zweiten Schuss sind es 147 (=81,2 %) und mit dem dritten 123 (=68,9 %). Die Hälfte der Personen treffen mit allen drei Schüssen, ein Drittel trifft mit einem Schuss nicht. Etwas mehr als jeder Zehnte trifft nur mit einem Schuss von dreien. Ungefähr jeder Fünfzigste trifft keinmal das Ziel

*Tabelle 136: Überblick über die Ergebnisse des statischen Schießens auf ein statisches Ziel aus vier Metern Entfernung (N=181)*

| | Schuss | | | Trefferanzahl gesamte Serie | | | |
|---|---|---|---|---|---|---|---|
| | 1 Treffer | 2 Treffer | 3 Treffer | 0 | 1 | 2 | 3 |
| **Anzahl** | 151 | 147 | 123 | 5 | 29 | 49 | 98 |
| **%** | 83,4 % | 81,2 % | 68,0 % | 2,8 % | 16,0 % | 27,1 % | 54,1 % |
| **Ø Zeit** (kumuliert) | 2,12 | 2,61 | 3,10 | | | | |
| **SD-Zeit** | 0,36 | 0,44 | 0,57 | | | | |
| **Min-Zeit** | 1,41 | 1,66 | 1,93 | | | | |
| **Max-Zeit** | 3,43 | 4,00 | 5,68 | | | | |

###### 4.2.2.2.2.2 Schießen aus/in der Bewegung

Beim Schießen aus oder in der Bewegung treffen 118 Versuchspersonen von 181 (=65,2 %) mit dem ersten Schuss (siehe Tabelle 137). Mit dem zweiten Schuss sind es noch 121 (=66,9 %) und mit dem dritten 102 (=56,4 %). Ungefähr jeweils ein Drittel der Personen trifft mit allen drei Schüssen, mit zwei oder nur mit einem Schuss von dreien. Fast jeder Zehnte trifft keinmal das Ziel.

*Tabelle 137: Überblick über die Ergebnisse des Schießens in/aus der Bewegung auf ein statisches Ziel aus vier Metern Entfernung (N=181)*

| | Schuss | | | Trefferanzahl gesamte Serie | | | |
|---|---|---|---|---|---|---|---|
| | 1 Treffer | 2 Treffer | 3 Treffer | 0 | 1 | 2 | 3 |
| **Anzahl** | 118 | 121 | 102 | 16 | 51 | 52 | 62 |
| **%** | 65,2 % | 66,9 % | 56,4 % | 8,8 % | 28,2 % | 28,7 % | 34,3 % |
| **Ø Zeit** (kumuliert) | 2,34 | 2,90 | 3,48 | | | | |
| **SD-Zeit** | 0,48 | 0,62 | 0,89 | | | | |
| **Min-Zeit** | 1,31 | 1,59 | 1,83 | | | | |
| **Max-Zeit** | 4,23 | 4,75 | 9,75 | | | | |

Der Unterschied zwischen der Summe der Treffer beim stehenden Schießen zur Summe der Treffer beim Schießen in oder aus der Bewegung ist statistisch sehr signifikant (T=-4,942, df=180 $Sig_{2\text{-seitig}}$ P=.000) mit einer geringen bis mittleren Effektstärke (Cohen`s d=-0,367). Dies bedeutet, dass die Personen stehend besser treffen als in oder aus der Bewegung.

##### 4.2.2.2.3 Einflüsse

###### 4.2.2.2.3.1 Grundlegende Schießfertigkeit

###### 4.2.2.2.3.1.1 Präzisionsschießen

Um zu prüfen, ob die Schießfähigkeit beim Präzisionsschießen auf das Schießen in bzw. aus der Bewegung einen Einfluss hat, wurden die Versuchspersonen gemäß ihrer Leistung beim Präzisionsschießen in drei Gruppen aufgeteilt:

- Unteres Drittel: bis einschließlich 82 Ringe (vier Schuss 24er-Ringscheibe) (=33,7 %)
- Mittleres Drittel: 83–87 Ringe (vier Schuss 24er-Ringscheibe) (=35,9 %)
- Oberes Drittel: ab einschließlich 88 Ringe (vier Schuss 24er-Ringscheibe) (=30,4 %)

Bei der Überprüfung des Einflusses der Schießfähigkeit beim Präzisionsschießen auf das stehende bzw. sich bewegende Schießen mittels mehrfaktorieller Varianzanalyse (drei Leistungsgruppen) mit Messwiederholung (stehend vs. sich bewegend) erweist sich der Haupteffekt der Dynamik (stehend vs. sich bewegend) als statistisch sehr signifikant (siehe Tabelle 139). Der Haupteffekt der Leistung beim Präzisionsschießen und der Interaktionseffekt sind statistisch nicht signifikant (siehe Tabelle 139 und Tabelle 140). Dies bedeutet, dass sich Trefferleistungen des stehenden Schießens statistisch signifikant von denen beim bewegenden Schießen unterscheiden.

*Tabelle 138: Deskriptive Statistik der Schießergebnisse beim statischen Schießen und Schießen aus/in der Bewegung auf ein statisches Ziel für die drei Leistungsgruppen beim Präzisionsschießen*

| | Qualität Präzschießen | Mittelwert | SD | N |
|---|---|---|---|---|
| Summe Treffer stehend | schlechte Präz-Schütz*innen | 2,2951 | ,90082 | 61 |
| | mittlere Präz-Schütz*innen | 2,2923 | ,86101 | 65 |
| | gute Präz-Schütz*innen | 2,4000 | ,76012 | 55 |
| Summe Treffer sich bewegend | schlechte Präz-Schütz*innen | 1,7213 | 1,05089 | 61 |
| | mittlere Präz-Schütz*innen | 1,9846 | ,94360 | 65 |
| | gute Präz-Schütz*innen | 1,9455 | ,95099 | 55 |

*Tabelle 139: Tests der Innersubjektkontraste*

| Quelle | Typ III Quadratsumme | df | Mittel der Quadrate | F | Sig. |
|---|---|---|---|---|---|
| Dynamik | 17,864 | 1 | 17,864 | 24,611 | ,000** |
| Dynamik * Qual_Präz | 1,120 | 2 | ,560 | ,772 | ,464 |
| Fehler (Dynamik) | 129,200 | 178 | ,726 | | |

*Tabelle 140: Tests der Zwischensubjekteffekte*

| Quelle | Typ III Quadratsumme | df | Mittel der Quadrate | F | Sig. |
|---|---|---|---|---|---|
| Konstanter Term | 1598,668 | 1 | 1598,668 | 1671,759 | ,000 |
| Qual_Präz | 1,793 | 2 | ,897 | ,938 | ,393 |
| Fehler | 170,218 | 178 | ,956 | | |

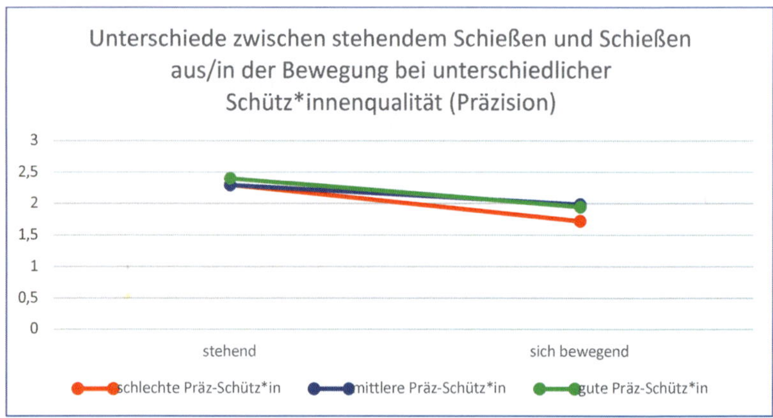


*Abbildung 41: Unterschiede der Trefferleistungen beim stehenden Schießen und Schießen in/aus der Bewegung bei unterschiedlichen Leistungsgruppen beim Präzisionsschießen*

##### *4.2.2.2.3.1.2 Grob visiertes Schießen*

Um zu prüfen, ob die Schießfähigkeit beim grob visierten Schießen auf das Schießen in bzw. aus der Bewegung einen Einfluss hat, wurden die Versuchspersonen gemäß ihrer Leistung beim grob visierten Schießen in drei Gruppen aufgeteilt:

- Unteres Drittel: bis einschließlich 77 Ringe (vier Schuss 24er-Ringscheibe) (=34,8 %)
- Mittleres Drittel: 78–83 Ringe (vier Schuss 24er-Ringscheibe) (=30,4 %)
- Oberes Drittel: ab einschließlich 84 Ringe (vier Schuss 24er-Ringscheibe) (=34,8 %)

Bei der Überprüfung des Einflusses der Schießfähigkeit beim grob visierten Schießen auf das stehende Schießen bzw. Schießen aus/in der Bewegung mittels mehrfaktorieller Varianzanalyse (drei Leistungsgruppen) mit Messwiederholung (stehend vs. sich bewegend) findet sich der Haupteffekt der Leistung beim grob visierten Schießen als statistisch signifikant (siehe Tabelle 143). Der Haupteffekt der Dynamik (stehend vs. sich bewegend) zeigt sich als statistisch sehr signifikant (siehe Tabelle 142). Der Interaktionseffekt erreicht das statistische Signifikanzniveau nicht (siehe Tabelle 142). Dies bedeutet, dass sich die drei Leistungsgruppen statistisch signifikant hinsichtlich ihrer Schießleistungen beim stehenden wie auch sich bewegenden Schießen unterscheiden. Die Trefferleistungen allgemein sind beim stehenden Schießen niedriger als die aus bzw. in der Bewegung.

*Tabelle 141: Deskriptive Statistik der Schießergebnisse beim statischen Schießen und Schießen aus/in der Bewegung auf ein statisches Ziel für die drei Leistungsgruppen beim grob visierten Schießen*

| | Qualität grob visiertes Schießen | Mittelwert | SD | N |
|---|---|---|---|---|
| Summe Treffer stehend | schlechte Schütz*innen | 2,2222 | ,88799 | 63 |
| | mittlere Schütz*innen | 2,4000 | ,80737 | 55 |
| | gute Schütz*innen | 2,3651 | ,82894 | 63 |
| Summe Treffer sich bewegend | schlechte Schütz*innen | 1,6508 | 1,03423 | 63 |
| | mittlere Schütz*innen | 2,1636 | ,87694 | 55 |
| | gute Schütz*innen | 1,8730 | ,97538 | 63 |

*Tabelle 142: Tests der Innersubjektkontraste*

| Quelle | Typ III Quadratsumme | df | Mittel der Quadrate | F | Sig. |
|---|---|---|---|---|---|
| Dynamik | 16,921 | 1 | 16,921 | 23,429 | ,000** |
| Dynamik * Qual_Deut | 1,770 | 2 | ,885 | 1,225 | ,296 |
| Fehler (Dynamik) | 128,551 | 178 | ,722 | | |

*Tabelle 143: Tests der Zwischensubjekteffekte*

| Quelle | Typ III Quadratsumme | df | Mittel der Quadrate | F | Sig. |
|---|---|---|---|---|---|
| Konstanter Term | 1608,814 | 1 | 1608,814 | 1735,885 | ,000 |
| Qual_Deut | 7,041 | 2 | 3,521 | 3,799 | ,024* |
| Fehler | 164,970 | 178 | ,927 | | |

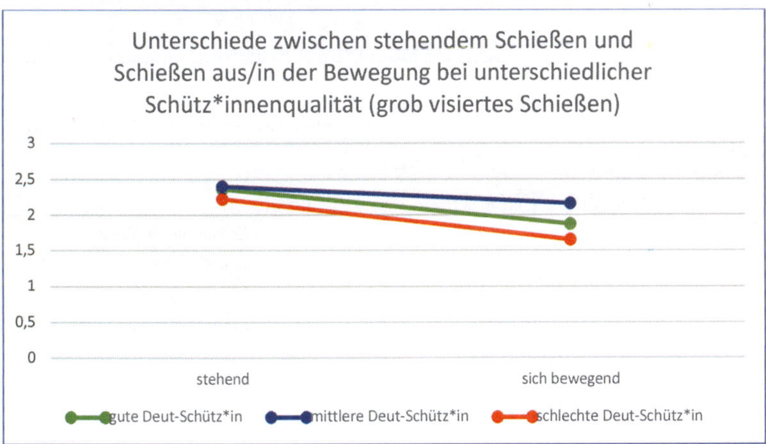


*Abbildung 42: Unterschiede der Trefferleistungen beim statischen Schießen und Schießen aus/in der Bewegung auf ein statisches Ziel für unterschiedliche Leistungsgruppen beim grob visierten Schießen*

#### *4.2.2.2.3.2 Schießgeschwindigkeit*

Um den Einfluss der Schießgeschwindigkeit zu prüfen, wurde die Summe der Treffer beim Schießen in/aus der Bewegung mit den unterschiedliche Schießzeiten korreliert. Es findet sich für keine Schießzeit ein statistisch signifikanter Zusammenhang mit der Trefferleistung beim Schießen in/aus der Bewegung (siehe Tabelle 144).

*Tabelle 144: Statistische Zusammenhänge verschiedener Schießzeiten mit der Anzahl an Treffern beim Schießen in/aus der Bewegung (horizontale Bewegung) (N=181)*

| | **Summe Treffer sich bewegend** | |
|---|---|---|
| | Pearson-Korrelation | Sig. (2-seitig) |
| Zeit für 1. Schuss sich bewegend | -,043 | ,566 |
| Zeit für 1. + 2. Schuss sich bewegend | ,043 | ,562 |
| Zeit für 1. + 2. + 3. Schuss sich bewegend | ,090 | ,228 |
| Zeit für 4 Präzisionsschüsse | -,009 | ,909 |
| Zeit für 4 grob visierte Schüsse | ,018 | ,812 |
| Zeit für 1. + 2. + 3. Schuss stehend | ,001 | ,992 |

#### *4.2.2.2.3.3 Schießtaktik*

Es findet sich (knapp) kein statistisch signifikanter Unterschied der Trefferleistungen beim Schießen in/aus der Bewegung zwischen den beiden Schießtaktiken (siehe Tabelle 147). Es macht also keinen Unterschied, ob in oder aus der Bewegung geschossen wird. Die Trefferleistung ist bei beiden Schießtaktiken (noch) gleich. Zu berücksichtigen ist, dass die Anzahl derer, die geschossen haben, während sie weiterliefen, im Vergleich zu der anderen Gruppe gering ist.

*Tabelle 145: Deskriptive Statistik für unterschiedliche Schießtaktiken*

| | N | Mittelwert | Standardabweichung |
|---|---|---|---|
| Stoppt beim Schießen (Schießen aus der Bewegung) | 148 | 1,9257 | ,98348 |
| Läuft weiter beim Schießen (Schießen in der Bewegung) | 27 | 1,6296 | ,92604 |

*Tabelle 146: Levene-Test der Varianzgleichheit für die unterschiedlichen Schießtaktiken*

| Levene-Test der Varianzgleichheit | | F | Sig. |
|---|---|---|---|
| Schießen in/aus der Bewegung | Varianzen gleich | ,157 | ,693 |
| | Varianzen ~~gleich~~ | | |

*Tabelle 147: T-Test für die unterschiedlichen Schießtaktiken*

| T-Test | T | df | Sig. (2-seitig) | mittlere Differenz | Standardfehler-differenz | Cohen's d |
|---|---|---|---|---|---|---|
| Varianzen gleich | -1,451 | 173 | ,149 | -,29605 | ,20405 | -,304 |
| Varianzen ~~gleich~~ | -1,513 | 37,520 | ,139 | -,29605 | ,19569 | |

### 4.2.2.2.3.4 Übungsreihenfolge

Es findet sich kein statistisch signifikanter Unterschied der Trefferleistungen beim stehenden Schießen wie auch beim Schießen aus/in der Bewegung zwischen den beiden Reihenfolgen (siehe Tabelle 82). Es macht also keinen Unterschied, ob zunächst stehend und dann in/aus der Bewegung geschossen wird oder umgekehrt. Die Trefferleistung ist bei beiden Reihenfolgen gleich.

*Tabelle 148: Deskriptive Statistik für die beiden Reihenfolgen*

| | Reihenfolge | N | Mittelwert | SD |
|---|---|---|---|---|
| stehend | 1. stehend – 2. sich bewegend | 96 | 2,4375 | ,77883 |
| | 1. sich bewegend – 2. stehend | 85 | 2,2000 | ,89709 |
| sich bewegend | 1. stehend – 2. sich bewegend | 96 | 1,9479 | ,95554 |
| | 1. sich bewegend – 2. stehend | 85 | 1,8118 | 1,01763 |

*Tabelle 149: Levene-Test der Varianzgleichheit für die unterschiedlichen Reihenfolgen*

| Levene-Test der Varianzgleichheit | | F | Sig. |
|---|---|---|---|
| stehend | Varianzen gleich | 2,737 | ,100 |
| | Varianzen ~~gleich~~ | | |
| sich bewegend | Varianzen gleich | 1,703 | ,194 |
| | Varianzen ~~gleich~~ | | |

*Tabelle 150: T-Test für die unterschiedlichen Reihenfolgen*

| T-Test | | T | df | Sig. (2-seitig) | mittlere Differenz | Standard-fehler-differenz | Cohen's d |
|---|---|---|---|---|---|---|---|
| stehend | Varianzen gleich | 1,907 | 179 | ,058 | ,23750 | ,12457 | ,284 |
| | Varianzen ~~gleich~~ | 1,890 | 167,548 | ,060 | ,23750 | ,12564 | |
| sich bewegend | Varianzen gleich | ,928 | 179 | ,355 | ,13615 | ,14672 | ,138 |
| | Varianzen ~~gleich~~ | ,924 | 173,078 | ,357 | ,13615 | ,14729 | |

## 4.3 Serie Kombination

### 4.3.1 Ziel statisch – Schütz*in stehend

Untersuchungsbedingung entspricht Untersuchungsbedingung statisches Ziel/statischer Schütze bzw. statische Schützin der jeweiligen Teilstudien.

### 4.3.2 Ziel horizontal – Schütz*in vorwärtsgehend

Teilgenommen haben 129 Schütz*innen. Bei 18 fehlten bei einem oder mehreren Ergebnissen Angaben (Anlage zeigte keinen Treffer oder die dazugehörige Zeit), sodass 111 vollständige Datensätze vorhanden waren.

#### *4.3.2.1.1 Basis-Schießfertigkeit*

##### *4.3.2.1.1.1 Präzisionsschuss auf 24er-Ringscheibe*

Im Mittel treffen die Versuchspersonen beim Präzisionsschießen je Schuss etwas mehr als 21 Ringe und benötigen je Schuss meist ca. vier Sekunden (siehe Tabelle 151). Der Mittelwert der mit vier Präzisionsschüssen auf die 24er-Ringscheibe erzielten Summen beträgt 84,76. Um diesen Wert streuen die Versuchspersonen (siehe Abbildung 43).

*Tabelle 151: Überblick über die Ergebnisse des Präzisionsschießens auf die 24er-Ringscheibe aus zehn Metern Entfernung (N=111)*

| | **Schuss** | | | | | | | | **Serie** | |
|---|---|---|---|---|---|---|---|---|---|---|
| | **1** | | **2** | | **3** | | **4** | | | |
| | **Treffer** | **Zeit** | **Treffer** | **Zeit** | **Treffer** | **Zeit** | **Treffer** | **Zeit** | **Summe Treffer** | **Summe Zeit** |
| **Ø** | 21,19 | 3,65 | 21,04 | 6,51 | 21,32 | 3,71 | 21,19 | 4,05 | 84,74 | 18,01 |
| **SD** | 2,74 | 0,77 | 2,52 | 31,18 | 2,37 | 0,91 | 2,78 | 3,06 | 6,65 | 31,51 |
| **Min** | 8 | 2,40 | 11 | 2,03 | 10 | 2,38 | 5 | 2,26 | 57 | 10,6 |
| **Max** | 24 | 6,97 | 24 | 332,0 | 24 | 6,28 | 24 | 33,96 | 95 | 343,9 |

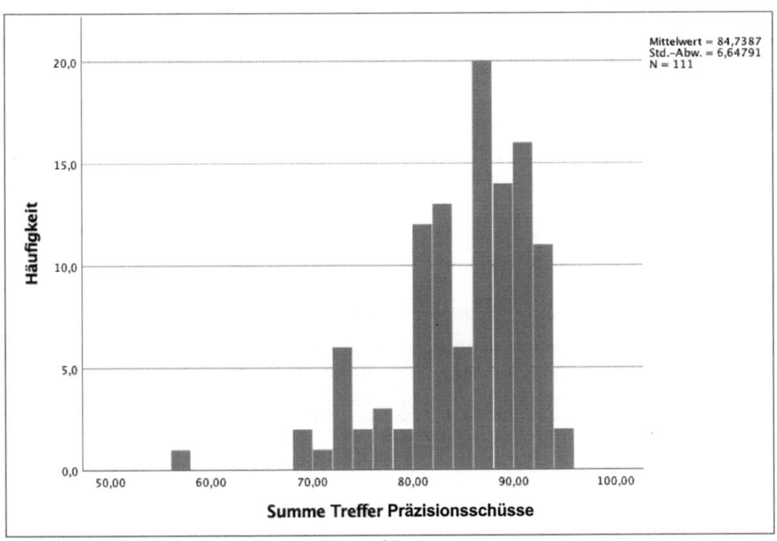


*Abbildung 43: Verteilung der Summe der vier Präzisionsschüsse*

#### *4.3.2.1.1.2 Grob visierter Schuss auf 24er-Ringscheibe*

Im Mittel treffen die Versuchspersonen beim grob visierten Schießen je Schuss ungefähr 20 Ringe und benötigen je Schuss im Durchschnitt zweieinhalb Sekunden (siehe Tabelle 152). Der Mittelwert der mit vier grob visierten Schüssen auf die 24er-Ringscheibe erzielten Summen beträgt 79,58. Um diesen streuen die Versuchspersonen (siehe Abbildung 44).

*Tabelle 152: Überblick über die Ergebnisse des grob visierten Schießens auf die 24er-Ringscheibe aus zehn Metern Entfernung (N=111)*

| | Schuss | | | | | | | | Serie | |
|---|---|---|---|---|---|---|---|---|---|---|
| | 1 | | 2 | | 3 | | 4 | | | |
| | Treffer | Zeit | Treffer | Zeit | Treffer | Zeit | Treffer | Zeit | Summe Treffer | Summe Zeit |
| **Ø** | 19,91 | 2,51 | 20,03 | 2,34 | 19,50 | 2,41 | 20,28 | 2,47 | 79,71 | 9,73 |
| **SD** | 2,94 | 1,98 | 3,05 | 0,42 | 3,53 | 0,42 | 3,04 | 0,40 | 8,16 | 2,42 |
| **Min** | 5 | 1,62 | 6 | 1,15 | 8 | 1,58 | 4 | 1,75 | 47 | 6,87 |
| **Max** | 24 | 22,60 | 24 | 3,84 | 24 | 3,85 | 24 | 4,17 | 93 | 30,37 |

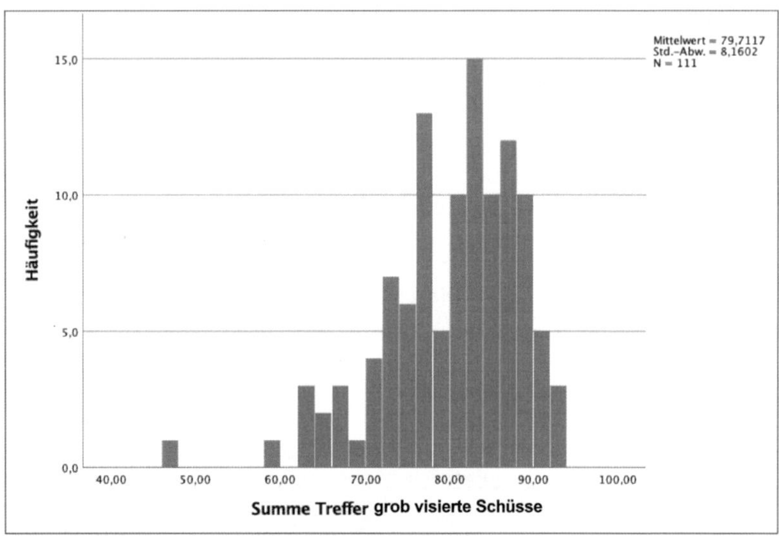


*Abbildung 44: Verteilung der Summe der vier grob visierten Schüsse*

Die Summe der Treffer der Präzisionsschüsse unterscheidet sich statistisch sehr signifikant (T=6,317, df=110, $Sig_{2\text{-seitig}}$ P=.000) von der Summe der Treffer der grob visierten Schüsse mit einer mittleren Effektstärke (Cohen`s d=.582).

#### *4.3.2.1.2 Experimentelle Schießbedingung*

##### *4.3.2.1.2.1 Stehendes Schießen – Ziel statisch*

Beim stehenden Schießen treffen 73 Versuchspersonen von 111 (=65,8 %) das statische Ziel mit dem ersten Schuss (siehe Tabelle 153). Mit dem zweiten Schuss sind es 83 (=74,8 %) und mit dem dritten 87 (=79,1 %). Die Hälfte der Personen treffen mit allen drei Schüssen, ein Drittel trifft mit einem Schuss nicht. Fast jeder Sechste trifft nur mit einem Schuss von dreien. Ungefähr jeder Zwanzigste trifft keinmal das Ziel.

*Tabelle 153: Überblick über die Ergebnisse des statischen Schießens auf ein statisches Ziel aus vier Metern Entfernung (N=111)*

| | Schuss | | | Trefferanzahl gesamte Serie | | | |
|---|---|---|---|---|---|---|---|
| | 1 Treffer | 2 Treffer | 3 Treffer | 0 | 1 | 2 | 3 |
| **Anzahl** | 73 | 83 | 87 | 6 | 19 | 32 | 53 |
| **%** | 65,8 % | 74,8 % | 79,1 % | 5,5 % | 17,3 % | 29,1 % | 48,2 % |
| **Ø Zeit** (kumuliert) | 1,90 | 2,42 | 2,90 | | | | |
| **SD-Zeit** | 0,33 | 0,45 | 0,54 | | | | |
| **Min-Zeit** | 1,04 | 1,64 | 1,94 | | | | |
| **Max-Zeit** | 3,60 | 4,33 | 4,88 | | | | |

#### *4.3.2.1.2.2 Schießen aus/in der Bewegung auf ein dynamisches Ziel*

Beim Schießen aus oder in der Bewegung auf ein sich horizontal bewegendes Ziel treffen 60 Versuchspersonen von 111 (=54,1 %) mit dem ersten Schuss (siehe Tabelle 154). Mit dem zweiten Schuss sind es 85 (=76,6 %) und mit dem dritten 65 (=58,6 %). Ein Drittel der Personen trifft mit allen drei Schüssen, ein Drittel trifft mit einem Schuss nicht. Ein weiteres Drittel trifft nur mit einem Schuss von dreien. Jeder Zwanzigste trifft keinmal das Ziel.

*Tabelle 154: Überblick über die Ergebnisse des Schießens auf ein dynamisches Ziel (horizontale Bewegung) aus/in der Bewegung aus vier Metern Entfernung (N=111)*

| | Schuss | | | Trefferanzahl gesamte Serie | | | |
|---|---|---|---|---|---|---|---|
| | 1 Treffer | 2 Treffer | 3 Treffer | 0 | 1 | 2 | 3 |
| **Anzahl** | 60 | 85 | 65 | 6 | 33 | 39 | 33 |
| **%** | 54,1 % | 76,6 % | 58,6 % | 5,4 % | 29,7 % | 35,1 % | 29,7 % |
| **Ø Zeit (kumuliert)** | 2,22 | 2,89 | 3,53 | | | | |
| **SD-Zeit** | 0,36 | 0,47 | 0,61 | | | | |
| **Min-Zeit** | 1,47 | 1,79 | 1,75 | | | | |
| **Max-Zeit** | 3,41 | 4,16 | 5,90 | | | | |

Der Unterschied zwischen der Summe der Treffer beim stehenden Schießen auf ein statisches Ziel zur Summe der Treffer beim Schießen in oder aus der Bewegung auf ein dynamisches Ziel ist statistisch sehr signifikant (T=2,672, df=109, $Sig_{2\text{-seitig}}$ P=.009) mit einer geringen Effektstärke (Cohen`s d=.255). Dies bedeutet, dass die Personen stehend auf ein statisches Ziel besser treffen als beim Schießen in oder aus der Bewegung auf ein dynamisches Ziel.

### *4.3.2.1.3 Einflüsse*

#### *4.3.2.1.3.1 Grundlegende Schießfertigkeit*

##### *4.3.2.1.3.1.1 Präzisionsschießen*

Um zu prüfen, ob die Schießfähigkeit beim Präzisionsschießen auf das Schießen aus/in der Bewegung auf ein sich bewegendes Ziel Einfluss hat, wurden die Versuchspersonen gemäß ihrer Leistung beim Präzisionsschießen in drei Gruppen aufgeteilt:

- Unteres Drittel: bis einschließlich 82 Ringe (vier Schuss 24er-Ringscheibe) (=32,4 %)
- Mittleres Drittel: 83–88 Ringe (vier Schuss 24er-Ringscheibe) (=35,2 %)
- Oberes Drittel: ab einschließlich 89 Ringe (vier Schuss 24er-Ringscheibe) (=32,4 %)

Bei der Überprüfung des Einflusses der Schießfähigkeit beim Präzisionsschießen auf das Schießen aus/in der Bewegung auf ein dynamisches Ziel mittels mehrfaktorieller Varianzanalyse (drei Leistungsgruppen) mit Messwiederholung (stehend/statisches Ziel vs. sich bewegend/dynamisches Ziel) erweist sich der Haupteffekt der Leistung beim Präzisionsschießen als statistisch nicht signifikant (siehe Tabelle 157). Der Haupteffekt der Dynamik (stehend/statisches Ziel vs. sich bewegend/dynamisches Ziel) ist statistisch sehr signifikant. Der Interaktionseffekt ist statistisch nicht signifikant (siehe Tabelle 156). Dies bedeutet, dass sich die drei Leistungsgruppen nicht hinsichtlich ihrer Schießleistungen unterscheiden. Dabei sind die Schießleistungen des statischen Schießens auf ein statisches Ziel besser als die in/aus der Bewegung auf ein dynamisches Ziel.

*Tabelle 155: Deskriptive Statistik der Schießergebnisse beim Schießen in/aus der Bewegung auf ein statisches und ein dynamisches Ziel für die drei Leistungsgruppen beim Präzisionsschießen*

| | Qualität Präzschießen | Mittelwert | SD | N |
|---|---|---|---|---|
| Summe Treffer stehend, statisches Ziel | schlechte Präz-Schütz*innen | 2,2222 | ,79682 | 36 |
| | mittlere Präz-Schütz*innen | 2,0526 | 1,03838 | 38 |
| | gute Präz-Schütz*innen | 2,3333 | ,89443 | 36 |
| Summe Treffer sich bewegend, dynamisches Ziel | schlechte Präz-Schütz*innen | 1,7500 | ,84092 | 36 |
| | mittlere Präz-Schütz*innen | 1,9737 | 1,02632 | 38 |
| | gute Präz-Schütz*innen | 1,9722 | ,81015 | 36 |

*Tabelle 156: Tests der Innersubjektkontraste*

| Quelle | Typ III Quadratsumme | df | Mittel der Quadrate | F | Sig. |
|---|---|---|---|---|---|
| Dynamik | 5,083 | 1 | 5,083 | 7,347 | ,008** |
| Dynamik * Qual_Präz | 1,530 | 2 | ,765 | 1,106 | ,335 |
| Fehler (Dynamik) | 74,020 | 107 | ,692 | | |

*Tabelle 157: Tests der Zwischensubjekteffekte*

| Quelle | Typ III Quadratsumme | df | Mittel der Quadrate | F | Sig. |
|---|---|---|---|---|---|
| Konstanter Term | 924,565 | 1 | 924,565 | 962,410 | <,001** |
| Qual_Präz | 1,158 | 2 | ,579 | ,602 | ,549 |
| Fehler | 102,792 | 107 | ,961 | | |

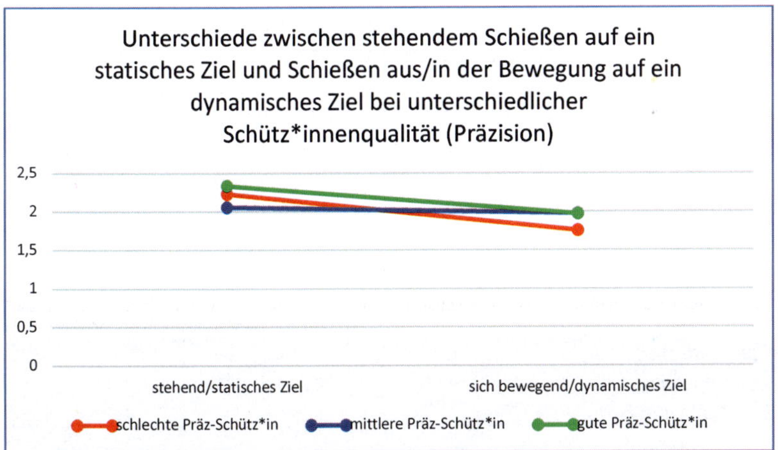


*Abbildung 45: Unterschiede der Trefferleistungen beim stehenden Schießen auf ein statisches Ziel und Schießen in/aus der Bewegung auf ein dynamisches Ziel bei unterschiedlichen Leistungsgruppen beim Präzisionsschießen*

##### *4.3.2.1.3.1.2 Grob visiertes Schießen*

Um zu prüfen, ob die Schießfähigkeit beim grob visierten Schießen auf das Schießen aus/in der Bewegung auf ein sich bewegendes Ziel Einfluss hat, wurden die Versuchspersonen gemäß ihrer Leistung beim grob visierten Schießen in drei Gruppen aufgeteilt:

- Unteres Drittel: bis einschließlich 77 Ringe (vier Schuss 24er-Ringscheibe) (=36,9 %)
- Mittleres Drittel: 78–84 Ringe (vier Schuss 24er-Ringscheibe) (=29,8 %)
- Oberes Drittel: ab einschließlich 85 Ringe (vier Schuss 24er-Ringscheibe) (=33,3 %)

Bei der Überprüfung des Einflusses der Schießfähigkeit beim grob visierten Schießen mittels mehrfaktorieller Varianzanalyse (drei Leistungsgruppen) mit Messwiederholung (stehend/statisches Ziel vs. sich bewegend/dynamisches Ziel) erweist sich der Haupteffekt der Leistung beim grob visierten Schießen als statistisch nicht signifikant (siehe Tabelle 160). Der Haupteffekt der Dynamik (stehend/statisches Ziel vs. sich bewegend/dynamisches Ziel) ist statistisch sehr signifikant. Der Interaktionseffekt erweist sich als statistisch nicht signifikant (siehe Tabelle 159). Dies bedeutet, dass sich die drei Leistungsgruppen nicht hinsichtlich ihrer Schießleistungen unterscheiden. Die Trefferleistung beim statischen Schießen auf ein statisches Ziel ist besser als aus/in der Bewegung auf ein dynamisches Ziel.

*Tabelle 158: Deskriptive Statistik der Schießergebnisse beim Schießen in/aus der Bewegung auf ein statisches und ein dynamisches Ziel für die drei Leistungsgruppen beim grob visierten Schießen*

| | Qualität grob visiertes Schießen | Mittelwert | SD | N |
|---|---|---|---|---|
| Summe Treffer stehend, statisches Ziel | schlechte Schütz*innen | 2,1220 | 1,00487 | 41 |
| | mittlere Schütz*innen | 2,1875 | ,85901 | 32 |
| | gute Schütz*innen | 2,2973 | ,87765 | 37 |
| Summe Treffer sich bewegend, dynamisches Ziel | schlechte Schütz*innen | 1,8293 | ,91931 | 41 |
| | mittlere Schütz*innen | 2,0313 | ,96668 | 32 |
| | gute Schütz*innen | 1,8649 | ,82199 | 37 |

*Tabelle 159: Tests der Innersubjektkontraste*

| Quelle | Typ III Quadratsumme | df | Mittel der Quadrate | F | Sig. |
|---|---|---|---|---|---|
| Dynamik | 4,698 | 1 | 4,698 | 6,713 | ,011* |
| Dynamik * Qual_Deut | ,656 | 2 | ,328 | ,469 | ,627 |
| Fehler (Dynamik) | 74,894 | 107 | ,700 | | |

*Tabelle 160: Tests der Zwischensubjekteffekte*

| Quelle | Typ III Quadratsumme | df | Mittel der Quadrate | F | Sig. |
|---|---|---|---|---|---|
| Konstanter Term | 919,841 | 1 | 919,841 | 953,719 | <,001** |
| Qual_Deut | ,751 | 2 | ,375 | ,389 | ,679 |
| Fehler | 103,199 | 107 | ,964 | | |

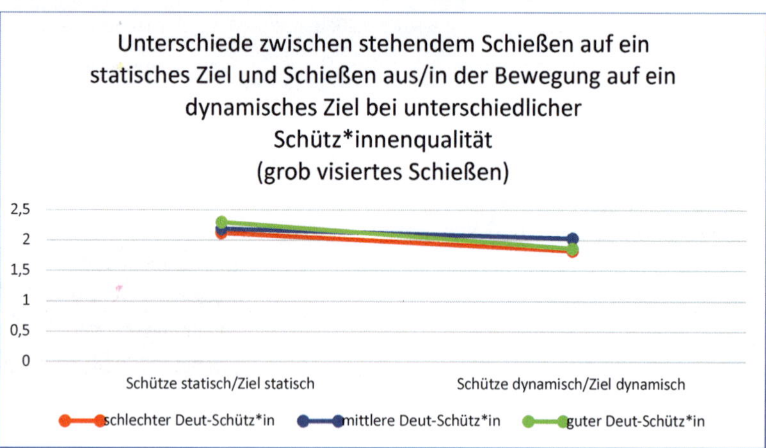


*Abbildung 46: Unterschiede der Trefferleistungen beim stehenden Schießen auf ein statisches Ziel und Schießen in/aus der Bewegung auf ein dynamisches Ziel bei unterschiedlichen Leistungsgruppen beim grob visierten Schießen*

#### *4.3.2.1.3.2 Schießgeschwindigkeit*

Um den Einfluss der Schießgeschwindigkeit zu prüfen, wurde die Summe der Treffer beim Schießen in/aus der Bewegung auf ein dynamisches Ziel mit den unterschiedlichen Schießzeiten korreliert. Es findet sich für keine Schießzeit ein statistisch signifikanter Zusammenhang mit der Trefferleistung beim Schießen in/aus der Bewegung auf ein dynamisches Ziel (siehe Tabelle 161).

*Tabelle 161: Statistische Zusammenhänge verschiedener Schießzeiten mit der Anzahl an Treffern beim Schießen auf ein dynamisches Ziel (horizontale Bewegung) (N=111)*

| | **Summe Treffer sich bewegend/ dynamisches Ziel** | |
|---|---|---|
| | Pearson-Korrelation | Sig. (2-seitig) |
| Zeit für 1. Schuss sich bewegend/dynamisches Ziel | -,164 | ,086 |
| Zeit für 1. + 2. Schuss sich bewegend/dynamisches Ziel | -,150 | ,117 |
| Zeit für 1. + 2. + 3. Schuss sich bewegend/dynamisches Ziel | -,139 | ,148 |
| Zeit für 4 Präzisionsschüsse | -,208* | ,028 |
| Zeit für 4 grob visierte Schüsse | -,099 | ,303 |
| Zeit für 1. + 2. + 3. Schuss stehend | -,106 | ,268 |

#### *4.3.2.1.3.3 Schießtaktik*

Es findet sich ein statistisch sehr signifikanter Unterschied der Trefferleistungen beim Schießen in/aus der Bewegung auf ein dynamisches Ziel zwischen den beiden Schießtaktiken (siehe Tabelle 164). Es macht also einen Unterschied, ob in oder aus der Bewegung geschossen wird. Die Trefferleistung ist beim Schießen in der Bewegung mittelmäßig (=mittlere Effektstärke) besser.

*Tabelle 162: Deskriptive Statistik für unterschiedliche Schießtaktiken*

| | N | Mittelwert | Standardabweichung |
|---|---|---|---|
| Stoppt beim Schießen (Schießen aus der Bewegung) | 38 | 1,5789 | ,91921 |
| Läuft weiter beim Schießen (Schießen in der Bewegung) | 72 | 2,0694 | ,84464 |

*Tabelle 163: Levene-Test der Varianzgleichheit für die unterschiedlichen Schießtaktiken*

| Levene-Test der Varianzgleichheit | | F | Sig. |
|---|---|---|---|
| Schießen in/aus der Bewegung | Varianzen gleich | 1,440 | ,233 |
| | Varianzen gleich | | |

*Tabelle 164: T-Test für die unterschiedlichen Schießtaktiken*

| T-Test | T | df | Sig. (2-seitig) | mittlere Differenz | Standardfehler-differenz | Cohen's d |
|---|---|---|---|---|---|---|
| Varianzen gleich | 2,809 | 108 | ,006 | ,49050 | ,17463 | ,563 |
| Varianzen ~~gleich~~ | 2,736 | 70,072 | ,008 | ,49050 | ,17929 | |

### *4.3.2.1.3.4 Übungsreihenfolge*

Es findet sich kein statistisch signifikanter Unterschied der Trefferleistungen beim stehenden Schießen auf ein statisches Ziel wie auch beim Schießen aus/in der Bewegung auf ein dynamisches Ziel zwischen den beiden Reihenfolgen (siehe Tabelle 167). Es macht also keinen Unterschied, ob zunächst stehend und dann in/aus der Bewegung geschossen wird oder umgekehrt. Die Trefferleistung ist bei beiden Reihenfolgen gleich.

*Tabelle 165: Deskriptive Statistik für die beiden Reihenfolgen*

| | Reihenfolge | N | Mittelwert | SD |
|---|---|---|---|---|
| stehend | 1. stehend – 2. sich bewegend | 89 | 2,2247 | ,92629 |
| | 1. sich bewegend – 2. stehend | 21 | 2,0952 | ,88909 |
| sich bewegend | 1. stehend – 2. sich bewegend | 89 | 1,9551 | ,90340 |
| | 1. sich bewegend – 2. stehend | 21 | 1,6667 | ,83635 |

*Tabelle 166: Levene-Test der Varianzgleichheit für die unterschiedlichen Reihenfolgen*

| Levene-Test der Varianzgleichheit | | F | Sig. |
|---|---|---|---|
| stehend | Varianzen gleich | ,617 | ,434 |
| | Varianzen ~~gleich~~ | | |
| sich bewegend | Varianzen gleich | ,081 | ,777 |
| | Varianzen ~~gleich~~ | | |

*Tabelle 167: T-Test für die unterschiedlichen Reihenfolgen*

| T-Test | | T | df | Sig. (2-seitig) | mittlere Differenz | Standard-fehler-differenz | Cohen' |
|---|---|---|---|---|---|---|---|
| stehend | Varianzen gleich | ,580 | 108 | ,563 | ,12948 | ,22308 | ,141 |
| | Varianzen ~~gleich~~ | ,595 | 31,093 | ,556 | ,12948 | ,21745 | |
| sich bewegend | Varianzen gleich | 1,328 | 108 | ,187 | ,28839 | ,21710 | ,322 |
| | Varianzen ~~gleich~~ | 1,373 | 31,391 | ,179 | ,28839 | ,20998 | |

### 4.3.3 Ziel zufällig – Schütz*ine schnell zielgerichtet gehend

Teilgenommen haben 131 Schütz*innen. Bei 13 fehlten bei einem oder mehreren Ergebnissen Angaben (Anlage zeigte keinen Treffer oder die dazugehörige Zeit), sodass 118 vollständige Datensätze vorhanden waren.

*4.3.3.1.1 Basis-Schießfertigkeit*

*4.3.3.1.1.1 Präzisionsschuss auf 24er-Ringscheibe*

Im Mittel treffen die Versuchspersonen beim Präzisionsschießen je Schuss ungefähr 21 Ringe und benötigen je Schuss im Durchschnitt circa vier Sekunden (siehe Tabelle 168). Der Mittelwert der mit vier Präzisionsschüssen auf die 24er-Ringscheibe erzielten Summen beträgt 85,32. Um diesen Wert streuen die Versuchspersonen (siehe Abbildung 47).

*Tabelle 168: Überblick über die Ergebnisse des Präzisionsschießens auf die 24er-Ringscheibe aus zehn Metern Entfernung (N=118)*

| | Schuss | | | | | | | | Serie | |
|---|---|---|---|---|---|---|---|---|---|---|
| | 1 | | 2 | | 3 | | 4 | | | |
| | Treffer | Zeit | Treffer | Zeit | Treffer | Zeit | Treffer | Zeit | Summe Treffer | Summe Zeit |
| Ø | 21,06 | 3,96 | 21,65 | 4,08 | 21,66 | 3,81 | 20,95 | 3,77 | 85,32 | 15,62 |
| SD | 3,18 | 1,18 | 1,97 | 2,80 | 2,37 | 1,14 | 3,22 | 1,05 | 6,94 | 4,46 |
| Min | 0 | 2,27 | 13 | 2,13 | 6 | 2,14 | 2 | 0,06 | 54 | 9,24 |
| Max | 24 | 8,12 | 24 | 23,84 | 24 | 9,22 | 24 | 8,17 | 93 | 38,53 |

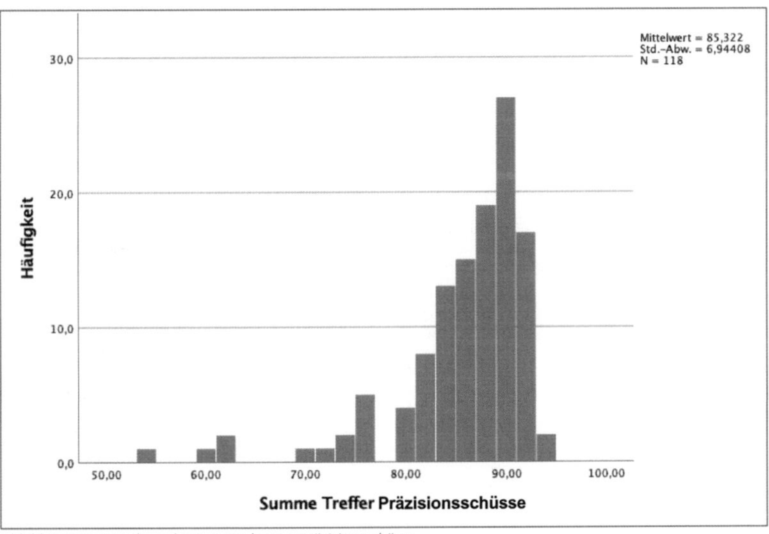


*Abbildung 47: Verteilung der Summe der vier Präzisionsschüsse*

#### *4.3.3.1.1.2 Grob visierter Schuss auf 24er-Ringscheibe*

Im Mittel treffen die Versuchspersonen beim grob visierten Schießen je Schuss ungefähr 20 Ringe und benötigen je Schuss im Durchschnitt zweieinhalb Sekunden (siehe Tabelle 169). Der Mittelwert der mit vier grob visierten Schüssen auf die 24er-Ringscheibe erzielten Summen beträgt 80,17. Um diesen streuen die Versuchspersonen (siehe Abbildung 48).

*Tabelle 169: Überblick über die Ergebnisse des grob visierten Schießens auf die 24er-Ringscheibe aus zehn Metern Entfernung (N=118)*

| | Schuss | | | | | | | | Serie | |
|---|---|---|---|---|---|---|---|---|---|---|
| | 1 | | 2 | | 3 | | 4 | | | |
| | Treffer | Zeit | Treffer | Zeit | Treffer | Zeit | Treffer | Zeit | Summe Treffer | Summ Zeit |
| **ø** | 19,79 | 2,51 | 19,92 | 2,51 | 20,23 | 2,66 | 20,23 | 2,61 | 80,17 | 10,29 |
| **SD** | 3,58 | 0,56 | 3,57 | 0,52 | 3,44 | 0,69 | 2,87 | 0,60 | 9,01 | 1,97 |
| **Min** | 0 | 1,58 | 6 | 1,44 | 0 | 1,50 | 10 | 1,57 | 36 | 6,48 |
| **Max** | 24 | 4,44 | 24 | 4,07 | 24 | 5,54 | 24 | 4,74 | 94 | 16,74 |

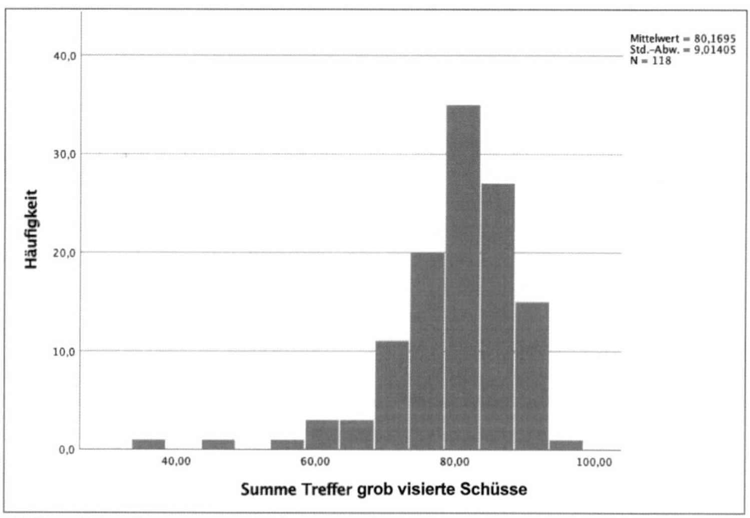


*Abbildung 48: Verteilung der Summe der vier grob visierten Schüsse*

Die Summe der Treffer der Präzisionsschüsse unterscheidet sich statistisch sehr signifikant (T=7,576, df=117, $Sig_{2\text{-seitig}}$ P=.000) von der Summe der Treffer der grob visierten Schüsse mit einer mittleren Effektstärke (Cohen`s d=.697).

#### *4.3.3.1.2 Experimentelle Schießbedingung*

##### *4.3.3.1.2.1 Stehendes Schießen – Ziel statisch*

Beim stehenden Schießen treffen 75 Versuchspersonen von 118 (=63,6 %) das statische Ziel mit dem ersten Schuss (siehe Tabelle 170). Mit dem zweiten Schuss sind es 95 (=80,5 %) und mit dem dritten 84 (=71,2 %). Ungefähr 40 % der Personen treffen mit allen drei Schüssen, fast ebenso viele treffen mit einem Schuss nicht. Ungefähr jeder Zehnte trifft nur mit einem Schuss von dreien. Ungefähr jeder Fünfzehnte trifft keinmal das Ziel.

*Tabelle 170: Überblick über die Ergebnisse des statischen Schießens auf ein statisches Ziel aus vier Metern Entfernung (N=118)*

| | Schuss | | | Trefferanzahl gesamte Serie | | | |
|---|---|---|---|---|---|---|---|
| | 1 Treffer | 2 Treffer | 3 Treffer | 0 | 1 | 2 | 3 |
| **Anzahl** | 75 | 95 | 84 | 9 | 13 | 47 | 49 |
| **%** | 63,6 % | 80,5 % | 71,2 % | 7,6 % | 11,0 % | 39,8 % | 41,5 % |
| **Ø Zeit (kumuliert)** | 1,90 | 2,36 | 2,83 | | | | |
| **SD-Zeit** | 0,27 | 0,34 | 0,45 | | | | |
| **Min-Zeit** | 1,32 | 1,57 | 1,81 | | | | |
| **Max-Zeit** | 2,55 | 3,59 | 4,75 | | | | |

##### *4.3.3.1.2.2 Schießen aus/in der Bewegung auf ein dynamisches Ziel*

Beim Schießen aus oder in der Bewegung auf ein sich bewegendes Ziel treffen 41 Versuchspersonen von 118 (=34,7 %) mit dem ersten Schuss (siehe Tabelle 171). Mit dem zweiten Schuss sind es 61 (=51,7 %) und mit dem dritten 46 (=39,0 %). Nur etwa jeder Fünfzehnte trifft mit allen drei Schüssen, ein Drittel trifft mit einem Schuss nicht. Mehr als 40 % treffen nur mit einem Schuss von dreien. 20 % treffen keinmal das Ziel.

*Tabelle 171: Überblick über die Ergebnisse des Schießens auf ein dynamisches Ziel aus/in der Bewegung aus vier Metern Entfernung (N=118)*

| | Schuss | | | Trefferanzahl gesamte Serie | | | |
|---|---|---|---|---|---|---|---|
| | 1 Treffer | 2 Treffer | 3 Treffer | 0 | 1 | 2 | 3 |
| **Anzahl** | **41** | 61 | 46 | 24 | 49 | 36 | 9 |
| **%** | 34,7 % | 51,7 % | 39,0 % | 20,3 % | 41,5 % | 30,5 % | 7,6 % |
| **Ø Zeit (kumuliert)** | 2,23 | 2,91 | 3,61 | | | | |
| **SD-Zeit** | 0,41 | 0,51 | 0,70 | | | | |
| **Min-Zeit** | 1,33 | 1,77 | 2,13 | | | | |
| **Max-Zeit** | 3,85 | 4,53 | 6,20 | | | | |

Der Unterschied zwischen der Summe der Treffer beim stehenden Schießen auf ein statisches Ziel zur Summe der Treffer beim Schießen in oder aus der Bewegung auf ein dynamisches Ziel ist statistisch sehr signifikant (T=8,077, df=117, $Sig_{2\text{-seitig}}$ P=.000) mit einer mittleren Effektstärke (Cohen`s d=.744). Dies bedeutet, dass die Personen stehend auf ein statisches Ziel besser treffen als beim Schießen in oder aus der Bewegung auf ein dynamisches Ziel.

###### *4.3.3.1.3 Einflüsse*

###### *4.3.3.1.3.1 Grundlegende Schießfertigkeit*

###### *4.3.3.1.3.1.1 Präzisionsschießen*

Um zu prüfen, ob die Schießfähigkeit beim Präzisionsschießen auf das Schießen aus/in der Bewegung auf ein sich bewegendes Ziel Einfluss hat, wurden die Versuchspersonen gemäß ihrer Leistung beim Präzisionsschießen in drei Gruppen aufgeteilt:

- Unteres Drittel: bis einschließlich 85 Ringe (vier Schuss 24er-Ringscheibe) (=35,6 %)
- Mittleres Drittel: 86–89 Ringe (vier Schuss 24er-Ringscheibe) (=36,4 %)
- Oberes Drittel: ab einschließlich 90 Ringe (vier Schuss 24er-Ringscheibe) (=28,0 %)

Bei der Überprüfung des Einflusses der Schießfähigkeit beim Präzisionsschießen auf das Schießen mittels mehrfaktorieller Varianzanalyse (drei Leistungsgruppen) mit Messwiederholung (stehend/statisches Ziel vs. sich bewegend/dynamisches Ziel) erweist sich der Haupteffekt der Leistung beim Präzisionsschießen als statistisch nicht signifikant (siehe Tabelle 174). Der Haupteffekt der Dynamik (stehend/statisches Ziel vs. sich bewegend/dynamisches Ziel) ist statistisch sehr signifikant. Der Interaktionseffekt erweist sich als statistisch nicht signifikant (siehe Tabelle 173). Dies bedeutet, dass sich die drei Leistungsgruppen nicht hinsichtlich ihrer Schießleistungen unterscheiden. Dabei sind die Schießleistungen des statischen Schießens auf ein statisches Ziel besser als die in/aus der Bewegung auf ein dynamisches Ziel.

*Tabelle 172: Deskriptive Statistik der Schießergebnisse beim Schießen in/aus der Bewegung auf ein statisches und ein dynamisches Ziel für die drei Leistungsgruppen beim Präzisionsschießen*

| | Qualität Präzschießen | Mittelwert | SD | N |
|---|---|---|---|---|
| Summe Treffer stehend, statisches Ziel | schlechte Präz-Schütz*innen | 2,0238 | ,97501 | 42 |
| | mittlere Präz-Schütz*innen | 2,2791 | ,79659 | 43 |
| | gute Präz-Schütz*innen | 2,1515 | ,93946 | 33 |
| Summe Treffer sich bewegend, dynamisches Ziel | schlechte Präz-Schütz*innen | 1,0952 | ,79048 | 42 |
| | mittlere Präz-Schütz*innen | 1,2558 | ,92821 | 43 |
| | gute Präz-Schütz*innen | 1,4545 | ,86930 | 33 |

*Tabelle 173: Tests der Innersubjektkontraste*

| Quelle | Typ III Quadratsumme | df | Mittel der Quadrate | F | Sig. |
|---|---|---|---|---|---|
| Dynamik | 45,342 | 1 | 45,342 | 61,806 | <,001** |
| Dynamik * Qual_Präz | 1,024 | 2 | ,512 | ,698 | ,500 |
| Fehler (Dynamik) | 84,366 | 115 | ,734 | | |

*Tabelle 174: Tests der Zwischensubjekteffekte*

| Quelle | Typ III Quadratsumme | df | Mittel der Quadrate | F | Sig. |
|---|---|---|---|---|---|
| Konstanter Term | 680,300 | 1 | 680,300 | 819,290 | <,001** |
| Qual_Präz | 2,747 | 2 | 1,373 | 1,654 | ,196 |
| Fehler | 95,491 | 115 | ,830 | | |

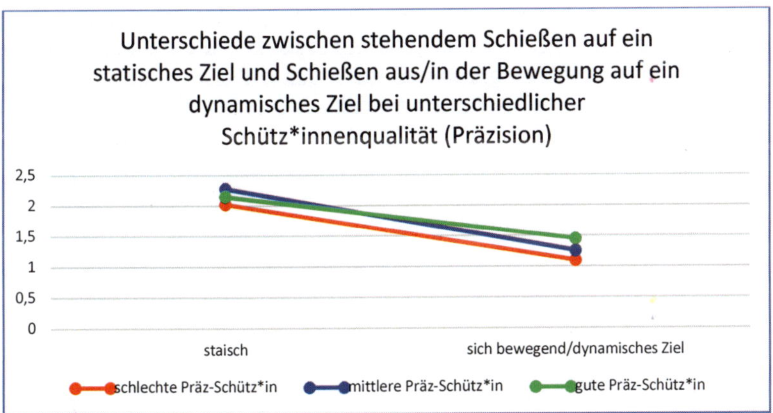


*Abbildung 49: Unterschiede der Trefferleistungen beim stehenden Schießen auf ein statisches Ziel und Schießen in/aus der Bewegung auf ein dynamisches Ziel bei unterschiedlichen Leistungsgruppen beim Präzisionsschießen*

*4.3.3.1.3.1.2 Grob visiertes Schießen*

Um zu prüfen, ob die Schießfähigkeit beim grob visierten Schießen auf das Schießen aus/in der Bewegung auf ein sich bewegendes Ziel Einfluss hat, wurden die Versuchspersonen gemäß ihrer Leistung beim grob visierten Schießen in drei Gruppen aufgeteilt:

- Unteres Drittel: bis einschließlich 78 Ringe (vier Schuss 24er-Ringscheibe) (=33,9 %)
- Mittleres Drittel: 79–84 Ringe (vier Schuss 24er-Ringscheibe) (=33,9 %)
- Oberes Drittel: ab einschließlich 85 Ringe (vier Schuss 24er-Ringscheibe) (=32,2 %)

Bei der Überprüfung des Einflusses der Schießfähigkeit beim grob visierten Schießen auf das Schießen mittels mehrfaktorieller Varianzanalyse (drei Leistungsgruppen) mit Messwiederholung (stehend/statisches Ziel vs. sich bewegend/dynamisches Ziel) erweist sich der Haupteffekt der Leistung beim grob visierten Schießen als statistisch nicht signifikant (siehe Tabelle 177). Der Haupteffekt der Dynamik (stehend/statisches Ziel vs. sich bewegend/dynamisches Ziel) ist statistisch sehr signifikant. Der Interaktionseffekt erweist sich als statistisch nicht signifikant (siehe Tabelle 176). Dies bedeutet, dass sich die drei Leistungsgruppen nicht hinsichtlich ihrer Schießleistungen unterscheiden. Dabei sind die Schießleistungen des statischen Schießens auf ein statisches Ziel besser als die in/aus der Bewegung auf ein dynamisches Ziel.

*Tabelle 175: Deskriptive Statistik der Schießergebnisse beim Schießen in/aus der Bewegung auf ein statisches und ein dynamisches Ziel für die drei Leistungsgruppen beim grob visierten Schießen*

| | Qualität grob visiertes Schießen | Mittelwert | SD | N |
|---|---|---|---|---|
| Summe Treffer stehend, statisches Ziel | schlechte Schütz*innen | 2,0500 | ,93233 | 40 |
| | mittlere Schütz*innen | 2,1000 | ,98189 | 40 |
| | gute Schütz*innen | 2,3158 | ,77478 | 38 |
| Summe Treffer sich bewegend, dynamisches Ziel | schlechte Schütz*innen | 1,3250 | ,79703 | 40 |
| | mittlere Schütz*innen | 1,2000 | ,91147 | 40 |
| | gute Schütz*innen | 1,2368 | ,91339 | 38 |

*Tabelle 176: Tests der Innersubjektkontraste*

| Quelle | Typ III Quadratsumme | df | Mittel der Quadrate | F | Sig. |
|---|---|---|---|---|---|
| Dynamik | 47,902 | 1 | 47,902 | 65,448 | <,001** |
| Dynamik * Qual_Deut | 1,221 | 2 | ,610 | ,834 | ,437 |
| Fehler (Dynamik) | 84,169 | 115 | ,732 | | |

*Tabelle 177: Tests der Zwischensubjekteffekte*

| Quelle | Typ III Quadratsumme | df | Mittel der Quadrate | F | Sig. |
|---|---|---|---|---|---|
| Konstanter Term | 685,339 | 1 | 685,339 | 807,646 | <,001** |
| Qual_Deut | ,652 | 2 | ,326 | ,384 | ,682 |
| Fehler | 97,585 | 115 | ,849 | | |

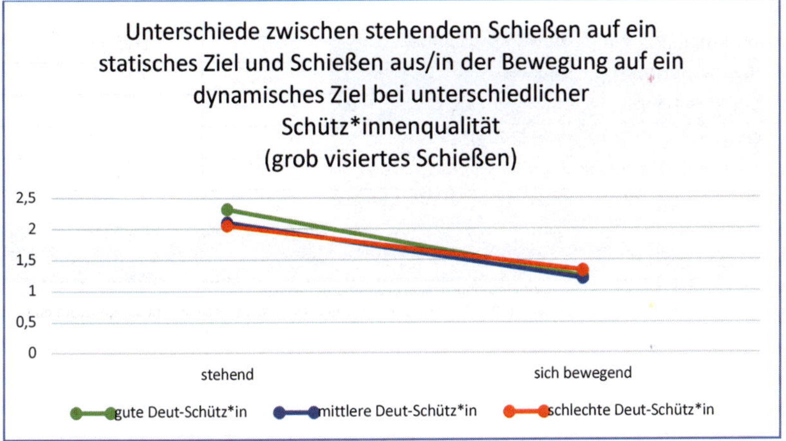


*Abbildung 50: Unterschiede der Trefferleistungen beim stehenden Schießen auf ein statisches Ziel und Schießen in/aus der Bewegung auf ein dynamisches Ziel bei unterschiedlichen Leistungsgruppen beim grob visierten Schießen*

#### *4.3.3.1.3.2 Schießgeschwindigkeit*

Um den Einfluss der Schießgeschwindigkeit zu prüfen, wurde die Summe der Treffer beim Schießen in/aus der Bewegung auf ein dynamisches Ziel mit den unterschiedlichen Schießzeiten korreliert. Es findet sich für keine Schießzeit des Schießens ein statistisch signifikanter Zusammenhang mit der Trefferleistung beim Schießen in/aus der Bewegung auf ein dynamisches Ziel (siehe Tabelle 178).

*Tabelle 178: Statistische Zusammenhänge verschiedener Schießzeiten mit der Anzahl an Treffern beim Schießen auf ein dynamisches Ziel (horizontale Bewegung) (N=118)*

| | **Summe Treffer sich bewegend/ dynamisches Ziel** | |
|---|---|---|
| | Pearson-Korrelation | Sig. (2-seitig) |
| Zeit für 1. Schuss sich bewegend/dynamisches Ziel | -,142 | ,124 |
| Zeit für 1. + 2. Schuss sich bewegend/dynamisches Ziel | -,085 | ,364 |
| Zeit für 1. + 2. + 3. Schuss sich bewegend/dynamisches Ziel | -,040 | ,675 |
| Zeit für 4 Präzisionsschüsse | -,051 | ,585 |
| Zeit für 4 grob visierte Schüsse | -,125 | ,179 |
| Zeit für 1. + 2. + 3. Schuss stehend | -,085 | ,364 |

### *4.3.3.1.3.3 Schießtaktik*

Es findet sich kein statistisch signifikanter Unterschied der Trefferleistungen beim Schießen in/aus der Bewegung auf ein dynamisches Ziel zwischen den beiden Schießtaktiken (siehe Tabelle 181). Es macht also keinen Unterschied, ob in oder aus der Bewegung geschossen wird. Die Trefferleistung ist bei beiden Schießtaktiken gleich.

*Tabelle 179: Deskriptive Statistik für unterschiedliche Schießtaktiken*

| | N | Mittelwert | Standardabweichung |
|---|---|---|---|
| Stoppt beim Schießen (Schießen aus der Bewegung) | 88 | 1,2614 | ,87749 |
| Läuft weiter beim Schießen (Schießen in der Bewegung) | 30 | 1,2333 | ,85836 |

*Tabelle 180: Levene-Test der Varianzgleichheit für die unterschiedlichen Schießtaktiken*

| Levene-Test der Varianzgleichheit | | F | Sig. |
|---|---|---|---|
| Schießen in/aus der Bewegung | Varianzen gleich | ,113 | ,737 |
| | Varianzen ~~gleich~~ | | |

*Tabelle 181: T-Test für die unterschiedlichen Schießtaktiken*

| T-Test | T | df | Sig. (2-seitig) | mittlere Differenz | Standardfehler-differenz | Cohen's |
|---|---|---|---|---|---|---|
| Varianzen gleich | ,152 | 116 | ,880 | ,02803 | ,18451 | ,032 |
| Varianzen ~~gleich~~ | ,154 | 51,179 | ,879 | ,02803 | ,18251 | |

#### *4.3.3.1.3.4 Übungsreihenfolge*

Es findet sich kein statistisch signifikanter Unterschied der Trefferleistungen beim stehenden Schießen auf ein statisches Ziel wie auch beim Schießen aus/in der Bewegung auf ein dynamisches Ziel zwischen den beiden Reihenfolgen (siehe

Tabelle 184). Es macht also keinen Unterschied, ob zunächst stehend auf ein statisches Ziel und dann in/aus der Bewegung auf ein dynamisches Ziel geschossen wird oder umgekehrt. Die Trefferleistung ist bei beiden Reihenfolgen gleich.

*Tabelle 182: Deskriptive Statistik für die beiden Reihenfolgen*

| | Reihenfolge | N | Mittelwert | SD |
|---|---|---|---|---|
| stehend | 1. stehend – 2. sich bewegend | 29 | 1,3103 | ,96745 |
| | 1. sich bewegend – 2. stehend | 89 | 1,2360 | ,83968 |
| sich bewegend | 1. stehend – 2. sich bewegend | 29 | 2,1724 | ,96618 |
| | 1. sich bewegend – 2. stehend | 89 | 2,1461 | ,88614 |

*Tabelle 183: Levene-Test der Varianzgleichheit für die unterschiedlichen Reihenfolgen*

| Levene-Test der Varianzgleichheit | | F | Sig. |
|---|---|---|---|
| stehend | Varianzen gleich | 3,011 | ,085 |
| | Varianzen ~~gleich~~ | | |
| sich bewegend | Varianzen gleich | ,180 | ,672 |
| | Varianzen ~~gleich~~ | | |

*Tabelle 184: T-Test für die unterschiedlichen Reihenfolgen*

| T-Test | | T | df | Sig. (2-seitig) | mittlere Differenz | Standard-fehler-differenz | Cohen's d |
|---|---|---|---|---|---|---|---|
| stehend | Varianzen gleich | ,399 | 116 | ,691 | ,07439 | ,18650 | ,085 |
| | Varianzen ~~gleich~~ | ,371 | 42,616 | ,712 | ,07439 | ,20049 | |
| sich bewegend | Varianzen gleich | ,136 | 116 | ,892 | ,02635 | ,19374 | ,029 |
| | Varianzen ~~gleich~~ | ,130 | 44,392 | ,897 | ,02635 | ,20252 | |

## 4.4 Zusammenführung der Ergebnisse

### 4.4.1 Sich bewegende Ziele

Die nachfolgende Tabelle 185 fasst die Ergebnisse der einzelnen Schießstudien zu bewegten Zielen (siehe 4.1) zusammen. Es kann festgestellt werden, dass die Schütz*innen auf ein dynamisches, sich horizontal bewegendes Ziel etwas schlechter als auf ein statisches Ziel treffen. Die durchschnittliche Treffersumme verringert sich um 8,14 %. Ähnlich stark sinkt die durchschnittliche Trefferleistung bei einem Ziel, das sich diagonal bewegt. Deutlich seltener wird getroffen, wenn das Ziel sich zufällig bewegt (Absinken der durchschnittlichen Trefferleistung um 50 %) oder die Bewegung schnell ist (Verringerung der durchschnittlichen Trefferquote um mehr als 32 %). Zusammengefasst ist festzustellen, dass eine Bewegung des Ziels sich immer negativ auf die Trefferleistung auswirkt (siehe Tabelle 186). Dabei wirkt sich eine Beschleunigung des Ziels deutlich aus. Verliert das Ziel seine kontinuierliche Richtung, so sinkt die Trefferwahrscheinlichkeit auf die Hälfte.

*Tabelle 185: Differenz der Schießergebnisse zwischen einem statischen und einem sich bewegenden Ziel*

| Bewegung des Ziels | Parameter | | statisches Ziel | dynamisches Ziel | Differenz (statisch-dynamisch) | Verringerung um % vom statischen Wert |
|---|---|---|---|---|---|---|
| horizontal | Treffer-nummer | 1. Schuss | 86,7 % | 81,3 % | 5,4 | 6,228374 % |
| | | 2. Schuss | 83,0 % | 78,6 % | 4,4 | 5,301205 % |
| | | 3. Schuss | 81,0 % | 70,4 % | 10,6 | 13,08642 % |
| | Treffer-summe | 3 Treffer | 62,9 % | 52,0 % | 10,9 | 17,329094 % |
| | | 2 Treffer | 25,5 % | 30,3 % | -4,8 | -18,823529 % |
| | | 1 Treffer | 10,9 % | 13,6 % | -2,7 | -24,770642 % |
| | | 0 Treffer | 0,8 % | 4,1 % | -3,3 | -412,5 % |
| | Ø Treffersumme | | 2,5068 | 2,3027 | 0,2041 | 8,14185416 % |
| diagonal | Treffer-nummer | 1. Schuss | 81,4 % | 70,1 % | 11,3 | 13,882064 % |
| | | 2. Schuss | 82,5 % | 77,3 % | 5,2 | 6,30303 % |
| | | 3. Schuss | 73,2 % | 70,1 % | 3,1 | 4,234973 % |
| | Treffer-summe | 3 Treffer | 50,5 % | 46,4 % | 4,1 | 8,118812 % |
| | | 2 Treffer | 39,2 % | 33,3 % | 5,9 | 15,05102 % |
| | | 1 Treffer | 7,2 % | 12,4 % | -5,2 | -72,222222 % |
| | | 0 Treffer | 3,1 % | 8,2 % | -5,1 | -164,516129 % |
| | Ø Treffersumme | | 2,3711 | 2,1752 | 0,1959 | 8,26198811 % |
| zufällig | Treffer-nummer | 1. Schuss | 80,2 % | 61,5 % | 18,7 | 23,316708 % |
| | | 2. Schuss | 83,3 % | 54,2 % | 29,1 | 34,933974 % |
| | | 3. Schuss | 76,0 % | 52,1 % | 23,9 | 31,447368 % |
| | Treffer-summe | 3 Treffer | 59,4 % | 15,6 % | 43,8 | 73,737374 % |
| | | 2 Treffer | 25,0 % | 47,9 % | -22,9 | -91,6 % |
| | | 1 Treffer | 11,5 % | 25,0 % | -13,5 | -117,391304 % |
| | | 0 Treffer | 4,2 % | 11,5 % | -7,3 | -173,809524 % |
| | Ø Treffersumme | | 2,3958 | 1,1979 | 1,1979 | 50 % |
| schnell horizontal | Treffer-nummer | 1. Schuss | 76,0 % | 54,8 % | 21,2 | 27,894737 % |
| | | 2. Schuss | 84,6 % | 55,8 % | 28,8 | 34,042553 % |
| | | 3. Schuss | 79,6 % | 51,0 % | 28,6 | 35,929648 % |
| | Treffer-summe | 3 Treffer | 53,4 % | 26,0 % | 27,4 | 51,310861 % |
| | | 2 Treffer | 35,0 % | 26,9 % | 8,1 | 23,142857 % |
| | | 1 Treffer | 9,7 % | 29,8 % | -20,1 | -207,216495 % |
| | | 0 Treffer | 1,9 % | 17,3 % | -15,4 | -810,526316 % |
| | Ø Treffersumme | | 2,3980 | 1,6153 | 0,7827 | 32,63969975 % |

*Tabelle 186: Zusammenfassung der Ergebnisse zum Schießen auf bewegte Ziele*

| | statisch | horizontal | diagonal | horizontal-schnell | zufällig |
|---|---|---|---|---|---|
| %-Leistung | 100,0 % | 91,86 % | 91,74 % | 67,36 % | 50,00 % |
| 1. Schuss | 100,0 % | 93,77 % | 93,70 % | 72,11 % | 76,69 % |

### 4.4.2 Sich bewegende Schütz*innen

Festzustellen ist, dass die Schütz*innen, die sich vorwärtsbewegen, minimal schlechter treffen, als wenn sie stehen, d. h. statisch sind (siehe Tabelle 187). Die durchschnittliche Treffersumme verringert sich um 4,5 %. Mit dem ersten Schuss wird dabei annähernd gleich gut getroffen. Bewegen sich die Schütz*innen rückwärts, treffen sie deutlich schlechter, als wenn sie stehen. Die durchschnittliche Treffersumme verringert sich um 14,5 %. Mit dem ersten Schuss wird ebenso deutlich seltener getroffen. Noch deutlicher fällt die Trefferleistung ab, wenn sich die Schütz*innen, im Zickzackkurs bewegen. Die durchschnittliche Treffersumme verringert sich um 25,6 %. Mit dem ersten Schuss wird ebenso deutlich seltener getroffen. Schütz*innen, die sich zielgerichtet bewegen, treffen vergleichbar zu den Schütz*innen auf Zickzackkurs. Die durchschnittliche Treffersumme verringert sich um 20,6 %. Mit dem ersten Schuss wird deutlich seltener getroffen. Zu einem ähnlichen Ergebnis kommt es, wenn die Bewegungsgeschwindigkeit erhöht wird (schnell vorwärts). Die durchschnittliche Treffersumme verringert sich um 19,0 %. Mit dem ersten Schuss wird deutlich seltener getroffen.

*Tabelle 187: Differenz der Schießergebnisse zwischen statischem Schießen und den Schießleistungen, wenn der/die Schütz*in während des Schießens sich bewegt*

| Bewegung des/der Schütz*in | Parameter | | statische/r Schütz*in | dynamische/r Schütz*in | Differenz (statisch-dynamisch) | Verringerung um % vom statischen Wert |
|---|---|---|---|---|---|---|
| vorwärts | Treffer-nummer | 1. Schuss | 79,6 % | 79,2 % | 0,4 | 0,502513 % |
| | | 2. Schuss | 82,4 % | 75,7 % | 6,7 | 8,131068 % |
| | | 3. Schuss | 81,0 % | 77,1 % | 3,9 | 4,814815 % |
| | Treffer-summe | 3 Treffer | 56,3 % | 53,2 % | 3,1 | 5,506217 % |
| | | 2 Treffer | 32,7 % | 29,9 % | 2,8 | 8,562691 % |
| | | 1 Treffer | 8,5 % | 12,7 % | -4,2 | -49,411765 % |
| | | 0 Treffer | 2,5 % | 4,2 % | -1,7 | -68 % |
| | Ø Treffersumme | | 2,4296 | 2,3204 | 0,1092 | 4,49456701 % |
| rückwärts | Treffer-nummer | 1. Schuss | 84,0 % | 73,7 % | 10,3 | 12,261905 % |
| | | 2. Schuss | 77,7 % | 64,6 % | 13,1 | 16,859717 % |
| | | 3. Schuss | 67,4 % | 57,7 % | 9,7 | 14,391691 % |
| | Treffer-summe | 3 Treffer | 52,6 % | 33,1 % | 19,5 | 37,072243 % |
| | | 2 Treffer | 28,0% | 34,3 % | -6,3 | -22,5 % |
| | | 1 Treffer | 15,4 % | 28,0 % | -12,6 | -81,818182 % |
| | | 0 Treffer | 4,0 % | 4,6 % | -0,6 | -15 % |
| | Ø Treffersumme | | 2,2914 | 1,9600 | 0,3314 | 14,46277385 % |
| zickzack | Treffer-nummer | 1. Schuss | 82,5 % | 64,5 % | 18 | 21,818182 % |
| | | 2. Schuss | 69,7 % | 58,6 % | 11,1 | 15,925395 % |
| | | 3. Schuss | 69,1 % | 41,4 % | 27,7 | 40,086831 % |
| | Treffer-summe | 3 Treffer | 41,4 % | 21,7 % | 19,7 | 47,584541 % |
| | | 2 Treffer | 41,4 % | 34,9 % | 6,5 | 15,700483 % |
| | | 1 Treffer | 13,8 % | 29,6 % | -15,8 | -114,492754 % |
| | | 0 Treffer | 3,3 % | 13,8 % | -10,5 | -318,181818 % |
| | Ø Treffersumme | | 2,2105 | 1,6447 | 0,5658 | 25,596019 % |
| Ziel-gerichtet | Treffer-nummer | 1. Schuss | 82,9 % | 67,8 % | 15,1 | 18,214717 % |
| | | 2. Schuss | 77,4 % | 61,6 % | 15,8 | 20,413437 % |
| | | 3. Schuss | 62,3 % | 47,3 % | 15 | 24,077047 % |
| | Treffer-summe | 3 Treffer | 47,9 % | 27,4 % | 20,5 | 42,797495 % |
| | | 2 Treffer | 32,2 % | 32,9 % | -0,7 | -2,173913 % |
| | | 1 Treffer | 14,4 % | 38,8 % | -24,4 | -169,444444 % |
| | | 0 Treffer | 5,5 % | 11,0 % | -5,5 | -100 % |
| | Ø Treffersumme | | 2,2260 | 1,7671 | 0,4589 | 20,61545373 % |
| schnell vorwärts | Treffer-nummer | 1. Schuss | 83,4 % | 65,2 % | 18,2 | 21,822542 % |
| | | 2. Schuss | 81,2 % | 66,9 % | 14,3 | 17,610837 % |
| | | 3. Schuss | 68,0 % | 56,4 % | 11,6 | 17,058824 % |
| | Treffer-summe | 3 Treffer | 54,1 % | 34,3 % | 19,8 | 36,598891 % |
| | | 2 Treffer | 27,1 % | 28,7 % | -1,6 | -5,904059 % |
| | | 1 Treffer | 16,0 % | 28,2 % | -12,2 | -76,25 % |
| | | 0 Treffer | 2,8 % | 8,8 % | -6 | -214,285714 % |
| | Ø Treffersumme | | 2,3260 | 1,8840 | 0,442 | 19,00257954 % |

Zusammengefasst ist festzustellen, dass eine Bewegung des/der Schütz*in sich immer negativ auf die Trefferleistung auswirkt (siehe Tabelle 188). Bewegt sich der/die Schütz*in langsam vorwärts, so sinkt die Trefferleistung in Summe auf gut 95 % der erzielten Trefferleistung ohne Bewegung. Dabei wird die Wahrscheinlichkeit, mit dem ersten Schuss zu treffen, kaum geringer. Bewegt es sich dabei schnell vorwärts, so sinkt die Leistung der Schussserie auf 81 %. Die Wahrscheinlichkeit, beim schnellen Vorwärtsgehen mit dem ersten Schuss zu treffen, sackt auf 78 % der Wahrscheinlichkeit, die beim statischen Schießen gilt. Eine Veränderung der Bewegungsgeschwindigkeit geht also mit deutlichen Leistungseinbußen einher.

Die Bewegungsrichtung wirkt sich unterschiedlich aus. Während das Vorwärtsgehen kaum Leistungseinbußen mit sich bringt, finden sich diese beim Rückwärtslaufen schon deutlicher. Die massivsten Leistungseinbußen finden sich, wenn der/die Schütz*in im Zickzackkurs laufen muss.

*Tabelle 188: Zusammenfassung der Ergebnisse zum Schießen in/aus der Bewegung (Prozentangaben sind Verhältnis der Schießleistungen in Bewegungen zum statischen Schießen) in der Dimension Bewegungsrichtung bzw. Bewegungsgeschwindigkeit*

| **%-Leistung** | **statisch** | **vorwärts** | **rückwärts** | **zickzack** | **zielgerichtet** | **schnell vorwärt** |
|---|---|---|---|---|---|---|
| Treffersumme | 100,0 % | 99,50 % | 87,74 % | 78,18 % | 81,79 % | 78,18 % |
| 1. Schuss | 100,0 % | 95,51 % | 85,54 % | 74,40 % | 79,38 % | 81,00 % |

### 4.4.3 Kombination von sich bewegenden Zielen und sich bewegenden Schütz*innen

Wenn sich Schütz*innen vorwärtsbewegen, treffen sie ein sich horizontal bewegendes Ziel deutlich schlechter, als wenn sie stehen, d. h. statisch sind und auch das Ziel statisch ist (siehe Tabelle 189). Die durchschnittliche Treffersumme verringert sich um 13,2 %. Mit dem ersten Schuss wird ebenso deutlich schlechter getroffen (Verringerung der Trefferleistung um mehr als 17 %). Bewegen sich die Schütz*innen schnell zielgerichtet und schießen dabei auf ein sich zufällig bewegendes Ziel, so treffen sie dieses wesentlich schlechter, als wenn sie stehen und auch das Ziel statisch ist. Sowohl die durchschnittliche Treffersumme wie auch die Leistung beim ersten Schuss sinken fast auf die Hälfte der Leistung bei statischen Schütz*innen mit statischen Zielen.

*Tabelle 189: Differenz der Schießergebnisse zwischen statischem Schießen auf ein statisches Ziel und den Schießleistungen, wenn der/die Schütz*in während des Schießens vorwärtsläuft und auf ein sich horizontal bewegendes Ziel schießt*

| Bewegung | Parameter | | statische/r Schütz*in | dynamische/r Schütz*in | Differenz (statisch-dynamisch) | Verringerung um % vom statischen Wert |
|---|---|---|---|---|---|---|
| Schütz*in vorwärts-gehend, Ziel horizontal bewegend | Treffer-nummer | 1. Schuss | 65,8 % | 54,1 % | 11,7 | 17,781155 % |
| | | 2. Schuss | 74,8 % | 76,6 % | -1,8 | -2,406417 % |
| | | 3. Schuss | 79,1 % | 58,6 % | 20,5 | 25,916561 % |
| | Treffer-summe | 3 Treffer | 48,2 % | 29,7 % | 18,5 | 38,381743 % |
| | | 2 Treffer | 29,1 % | 35,1 % | -6 | -20,618557 % |
| | | 1 Treffer | 17,3 % | 29,7 % | -12,4 | -71,676301 % |
| | | 0 Treffer | 5,5 % | 5,4 % | 0,1 | 1,818182 % |
| | Ø Treffersumme | | 2,1802 | 1,8919 | 0,2883 | 13,22355747 % |
| Schütz*in schnell zielgerichtet gehend, Ziel zufällig | Treffer-nummer | 1. Schuss | 63,6 % | 34,7 % | 28,9 | 45,440252 % |
| | | 2. Schuss | 80,5 % | 51,7 % | 28,8 | 35,776398 % |
| | | 3. Schuss | 71,2 % | 39,0 % | 32,2 | 45,224719 % |
| | Treffer-summe | 3 Treffer | 41,5 % | 7,6 % | 33,9 | 81,686747 % |
| | | 2 Treffer | 39,8 % | 30,5 % | 9,3 | 23,366834 % |
| | | 1 Treffer | 11,0 % | 41,5 % | -30,5 | -277,272727 % |
| | | 0 Treffer | 7,6 % | 20,3% | -12,7 | -167,105263 % |
| | Ø Treffersumme | | 2,1525 | 1,2542 | 0,8983 | 41,73286876 % |

*Tabelle 190: Zusammenfassung der Ergebnisse zum Schießen der Kombination aus Zielbewegung und Schütz*innen-bewegung (Prozentangaben sind Verhältnis der Schießleistungen in Bewegungen zum statischen Schießen)*

| %-Leistung | statisch | Schütz*in vorwärtsgehend, Ziel horizontal | Schütz*in schnell zielgerichtet gehend, Ziel zufällig |
|---|---|---|---|
| Treffersumme | 100,0 % | 86,78 % | 58,27 % |
| 1. Schuss | 100,0 % | 82,22 % | 54,56 % |

### 4.4.4 Komponentenzerlegung

Für die Kombinationsübungen (Schütz*in bewegt sich, Ziel bewegt sich) lässt sich überlegen, ob die resultierenden Leistungen sich aus den Leistungen in den einzelnen Komponenten (Schütz*innenbewegung, Zielbewegung) ableitbar sind. Dabei ist eine additive oder komplexe Verknüpfung denkbar. Bei einer additiven Verknüpfung ergibt sich die Leistung in der Kombination direkt aus der Addition der Leistungen aus den einzelnen Komponenten. Dies bedeutet für den Leistungsabfall beim Schießen eines/r Schütz*in, der/die vorwärtsgeht und dabei auf ein sich horizontal bewegendes Ziel schießt, gegenüber dem statischen Schießen auf ein statisches Ziel, dass die Reduzierung der Trefferleistung aus den einzelnen Leistungsabfällen der Teilübung „Schütz*in vorwärtsgehend, Ziel statisch" und der Teilübung „Schütz*in statisch, Ziel sich horizontal bewegend" durch einfaches Addieren berechnet werden kann (siehe Tabelle 191). Für die durchschnittliche Treffersumme zeigt sich eine gute Annäherung der Leistungsreduktion bei der Kombinationsübung (13,22 %) durch die Summe der beiden Teilkomponenten (4,49 % + 8,14 % = 12,63 %). Für die Trefferleistungen beim ersten Schuss passt die Addition allerdings nicht. Für die Kombinationsübungen (Schütz*in bewegt sich schnell zielgerichtet, Ziel bewegt sich zufällig) findet sich nur für die Trefferleistungen beim ersten Schuss eine ungefähre Annäherung durch Komponentenzerlegung (siehe Tabelle 192). Dabei wird aber die Bewegungsgeschwindigkeit vernachlässigt. Wird diese additiv berücksichtigt, so überschätzt die Summe der Teilkomponenten deutlich den Leistungsabfall bei der Kombinationsübung.

*Tabelle 191: Zerlegung der Schießleistung „Schütz*in vorwärtsgehend auf ein sich horizontal bewegendes Ziel schießend" in einzelne Bewegungskomponenten*

| | statisch | Schütz*in vorwärtsgehend, Ziel horizontal | Schütz*in vorwärtsgehend, Ziel statisch | Schütz*in statisch, Ziel horizontal | Addition Schütz*in vorwärtsgehend, Ziel horizontal |
|---|---|---|---|---|---|
| Treffer-summe | 100,0 % | 13,22 % | 4,49 % | 8,14 % | 12,63 % |
| 1. Schuss | 100,0 % | 17,78 % | 0,50 % | 6,23 % | 6,73 % |

*Tabelle 192: Zerlegung der Schießleistung „Schütz*in schnell zielgerichtet gehend auf ein sich zufällig bewegendes Ziel schießend" in einzelne Bewegungskomponenten*

| | statisch | Schütz*in schnell zielgerichtet gehend, Ziel zufällig | Schütz*in zielgerichtet gehend, Ziel statisch | Schütz*in statisch, Ziel zufällig | Addition Schütz*in zielgerichtet gehend, Ziel zufällig | Schütz*in schnell gehend, Ziel statisch |
|---|---|---|---|---|---|---|
| Treffer-summe | 100,0 % | 41,73 % | 20,62 % | 50,0 % | 70,62 % | 19,00 % |
| 1. Schuss | 100,0 % | 45,44 % | 18,21 % | 23,32 % | 41,53 % | 21,82 % |

### 4.4.1 Zusammenfassung der Einzelergebnisse

Bringt man die unterschiedlichen Übungen hinsichtlich ihrer Auswirkung auf die Trefferleistung in eine Rangfolge (siehe Abbildung 51 und Abbildung 52), so zeigen sich für statische Ziele (gelbe Balken) geringe bis mittlere Beeinträchtigungen der Schießleistung. Bewegt sich der/die Schütz*in beim Schießen, kommt es also auf die Art der Bewegung an, wie sich dies auf das Treffen auswirkt. Einfache Bewegungen des/der Schütz*in (vorwärts- oder rückwärtsgehend) wirken sich nur gering auf das Treffen aus. Dem hingegen sind zielgerichtetes Laufen, ein Zickzackkurs oder eine Geschwindigkeitserhöhung deutlicher beim Treffen zu bemerken. Bewegungen des Ziels (blaue Balken) wirken sich noch differenzierter auf das Treffen aus. Während eine einfache Bewegung, wie horizontale oder diagonale Bewegungen, kaum Konsequenzen zu haben scheinen, sind eine Geschwindigkeitserhöhung des Bewegungsverhaltens des Ziels oder sogar die Unberechenbarkeit des Weges des Ziels (Bedingung zufällige Bewegung) mit massiven Folgen für das Treffen verbunden. Die Kombination der Bewegungen (grüne Balken) scheint sich auch als Kombination der Einzelwirkungen auszuwirken: Eine einfache Bewegung des/r Schütz*in (vorwärtsgehend) zusammen mit einem einfach bewegten Ziel (horizontal bewegend) resultiert auch nur in einer geringen Leistungseinbuße, die nur knapp schlechter ist, als die Effekte der einzelnen Komponenten und ihrer Addition zu entsprechen scheint. Die Kombination von herausfordernden Bewegungen (Schütz*in muss schnell zielgerichtet laufen und das Ziel bewegt sich zufällig) führt dann zur massivsten Beeinträchtigung der Trefferleistung.

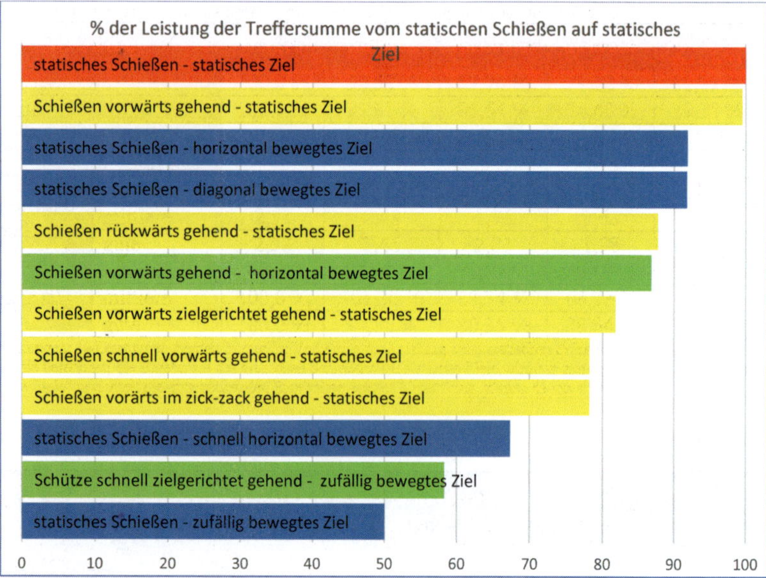


*Abbildung 51: Rangfolge der Leistungsreduktion der Treffersumme durch verschiedene Bewegungen der Schütz*innen und/oder Ziele*

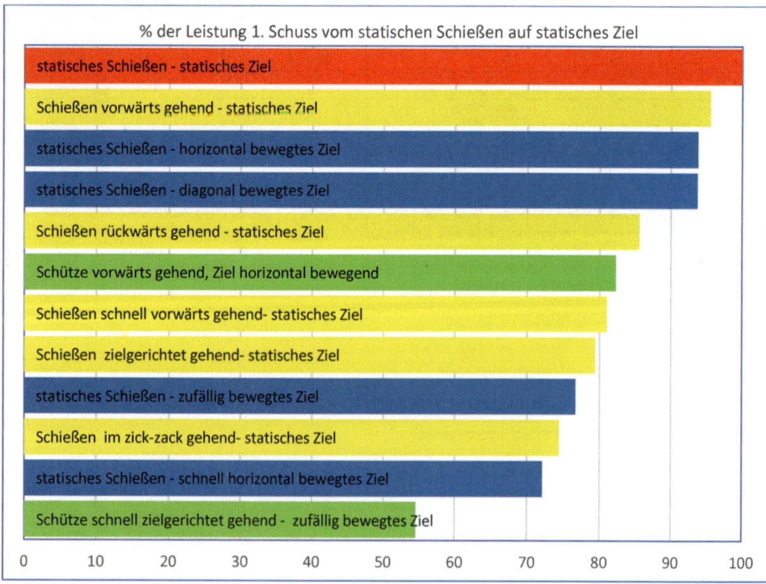


*Abbildung 52: Rangfolge der Leistungsreduktion des ersten Schusses durch verschiedene Bewegungen der Schütz*innen und/oder Ziele*

## 4.5 Einflüsse auf die Trefferleistung

### 4.5.1 Einfluss der Schießfertigkeit auf die Trefferleistung

#### 4.5.1.1 Präzisionsschießen

Die Qualität beim Präzisionsschießen hat in sechs von 11 Fällen einen Effekt (signifikante Haupteffekte; siehe Tabelle 193, Tabelle 194 und

Tabelle 195) auf die Trefferleistung beim Schießen mit Bewegung (Ziele bewegen sich und/oder Schütz*in bewegt sich). Dabei ist die Auswirkung in keinem Fall für unterschiedliche Qualitäten differenziert (keine signifikanten Interaktionen). Dies bedeutet, dass die Trefferleistung beim grundlegenden Präzisionsschießen meist mit der Trefferleistung beim Schießen mit Bewegung zusammenhängt. Wer eine gute Leistung beim Präzisionsschießen in einer grundlegenden Übung zeigt, trifft auch eher beim Schießen im Zusammenhang mit Bewegung. Dies gilt vor allem für die eher einfacheren Bewegungsformen. Die Bewegungen, die insgesamt zu einer deutlicheren Trefferminderung führen (schnelle Bewegungen, komplexere Bewegungen), zeigen eher keinen Zusammenhang mit dem grundlegenden Schießen. Die Bewegung führt zu Einbußen beim Treffen. Die Höhe der Einbußen ist aber nicht mit den Trefferleistungen beim Präzisionsschießen verbunden: So muss ein/e gute/r Präzisionsschütz*in eine ähnliche hohe Trefferreduzierung beim Schießen im Zusammenhang mit Bewegung akzeptieren wie ein/ schlechte/r Präzisionsschütz*in.

*Tabelle 193: Einfluss der Schießfertigkeit auf die Leistung beim Schießen auf bewegte Ziele*

| | | **statisch** | **horizontal** | **horizontal -schnell** | **diagonal** | **zufällig** |
|---|---|---|---|---|---|---|
| Treffersumme | | 100,0 % | 91,86 % | 67,36 % | 91,74 % | 50,00 % |
| 1. Schuss | | 100,0 % | 93,77 % | 72,11 % | 93,70 % | 76,69 % |
| Signifikanz (im Vergleich mit statisch) | Haupteffekt | - | ,021* | ,102 | ,023* | ,011* |
| | Interaktion | - | ,405 | ,849 | ,399 | ,789 |
| Mittelwerte Summe | schlechte | 2,43 | 2,12 | 1,59 | 1,82 | 1,5143 |
| | mittlere | 2,51 | 2,34 | 1,44 | 2,31 | 1,6562 |
| | gute | 2,58 | 2,45 | 1,81 | 2,41 | 1,8966 |
| %-Leistung | schlechte | 100,0 % | 87,24 % | 64,56 % | 81,90 % | 70,67 % |
| | mittlere | 100,0 % | 93,23 % | 65,33 % | 96,10 % | 69,73 % |
| | gute | 100,0 % | 94,96 % | 72,04 % | 96,25 % | 69,62 % |

Anmerkungen: %-Leistungen werden immer im Verhältnis zur Leistung beim statischen Schießen auf statische Ziele in der jeweiligen Teilstudie berechnet; die Ergebnisse des statischen Schießens auf statische Ziele wird nur aus der Teilstudie „Schießen auf horizontal bewegte Ziele" berichtet; die entsprechenden Ergebnisse aus den Teilstudien können davon abweichen.

*Tabelle 194: Einfluss der Schießfertigkeit auf die Leistung beim Schießen in/aus der Bewegung*

| **%-Leistung** | | **statisch** | **vorwärts** | **rückwärts** | **zickzack** | **ziel-gerichtet** | **schnell vorwärt** |
|---|---|---|---|---|---|---|---|
| Treffersumme | | 100,0 % | 99,50 % | 87,74 % | 78,18 % | 81,79 % | 78,18 % |
| 1. Schuss | | 100,0 % | 95,51 % | 85,54 % | 74,40 % | 79,38 % | 81,00 % |
| Signifikanz (im Vergleich mit statisch) | Haupteffekt | - | ,000** | ,069 | ,001** | ,000** | ,393 |
| | Interaktion | - | 0,70 | ,359 | ,075 | ,096 | ,464 |
| Mittelwerte Summe | schlechte | 2,43 | 2,02 | 1,89 | 1,31 | 1,4167 | 1,72 |
| | mittlere | 2,51 | 2,48 | 1,96 | 1,63 | 1,6889 | 1,98 |
| | gute | 2,58 | 2,46 | 2,01 | 1,98 | 2,1509 | 1,95 |
| %-Leistung | schlechte | 100,0 % | 87,77 % | 90,27 % | 65,69 % | 75,56 % | 75,00 % |
| | mittlere | 100,0 % | 101,30 % | 88,34 % | 68,38 % | 69,73 % | 86,58 % |
| | gute | 100,0 % | 97,10 % | 80,35 % | 88,04 % | 90,47 % | 81,06 % |

Anmerkungen: %-Leistungen werden immer im Verhältnis zur Leistung beim statischen Schießen auf statische Ziele in der jeweilige Teilstudie berechnet; die Ergebnisse des statischen Schießens auf statische Ziele wird nur aus der Teilstudie „Schießen auf horizontal bewegte Ziele" berichtet; die entsprechenden Ergebnisse aus den Teilstudien können davon abweichen.

*Tabelle 195: Einfluss der Schießfertigkeit auf die Leistung beim Schießen in/aus der Bewegung auf bewegte Ziele*

| **%-Leistung** | | **statisch** | **Schütz*in vorwärts-gehend, Ziel horizontal** | **Schütz*in schnell zielgerichtet/zickzack gehend, Ziel zufällig** |
|---|---|---|---|---|
| Treffersumme | | 100,0 % | 86,78 % | 58,27 % |
| 1. Schuss | | 100,0 % | 82,22 % | 54,56 % |
| Signifikanz (im Vergleich mit statisch) | Haupteffekt | - | ,549 | ,196 |
| | Interaktion | - | ,335 | ,500 |
| Mittelwerte Summe | schlechte | 2,43 | 1,75 | 1,10 |
| | mittlere | 2,51 | 1,97 | 1,26 |
| | gute | 2,58 | 1,97 | 1,45 |
| %-Leistung | schlechte | 100,0 % | 78,76 % | 54,12 % |
| | mittlere | 100,0 % | 95,96 % | 55,10 % |
| | gute | 100,0 % | 84,64 % | 67,60 % |

Anmerkungen: %-Leistungen werden immer im Verhältnis zur Leistung beim statischen Schießen auf statische Ziele in der jeweiligen Teilstudie berechnet; die Ergebnisse des statischen Schießens auf statische Ziele wird nur aus der Teilstudie „Schießen auf horizontal bewegte Ziele" berichtet; die entsprechenden Ergebnisse aus den Teilstudien können davon abweichen.

#### 4.5.1.1 Grob visiertes Schießen

Ähnlich wie mit der Qualität beim Präzisionsschießen verhält es sich mit der Qualität beim grundlegenden grob visierten Schießen. Diese hat auch in sechs von 11 Fällen einen Effekt (signifikante Haupteffekte; siehe Tabelle 196, Tabelle 197 und

Tabelle 198) auf die Trefferleistung beim Schießen mit Bewegung (Ziele bewegen sich und/oder Schütz*in bewegt sich). Dabei ist die Auswirkung in nur einem Fall für unterschiedliche Qualitäten differenziert (eine signifikante Interaktion). Dies bedeutet, dass die Trefferleistung beim grundlegenden grob visierten Schießen meist mit der Trefferleistung beim Schießen mit Bewegung zusammenhängt. Wer eine gute Leistung beim grob visierten Schießen in einer grundlegenden Übung zeigt, trifft auch eher beim Schießen im Zusammenhang mit Bewegung. Dies gilt vor allem für die eher einfacheren Bewegungsformen. Die Bewegungen, die insgesamt zu einer deutlicheren Trefferminderung führen (schnelle Bewegungen, komplexere Bewegungen), zeigen eher keinen Zusammenhang mit dem grundlegenden Schießen. Die Bewegung führt zu Einbußen beim Treffen. Die Höhe der Einbußen ist aber nicht mit den Trefferleistungen beim grob visierten Schießen verbunden: So muss ein/e gute/r Präzisionsschütz*in eine ähnliche hohe Trefferreduzierung beim Schießen im Zusammenhang mit Bewegung akzeptieren wie eine schlechte/r Präzisionsschütz*in.

*Tabelle 196: Einfluss der Schießfertigkeit auf die Leistung beim Schießen auf bewegte Ziele*

| | | **statisch** | **horizontal** | **horizontal -schnell** | **diagonal** | **zufällig** |
|---|---|---|---|---|---|---|
| Treffersumme | | 100,0 % | 91,86 % | 67,36 % | 91,74 % | 50,00 % |
| 1. Schuss | | 100,0 % | 93,77 % | 72,11 % | 93,70 % | 76,69 % |
| Signifikanz (im Vergleich mit statisch) | Haupteffekt | - | ,004** | 034* | ,140 | ,339 |
| | Interaktion | - | ,056 | ,189 | ,384 | ,173 |
| Mittelwerte Summe | schlechte | 2,43 | 2,06 | 1,2286 | 2,00 | 1,79 |
| | mittlere | 2,51 | 2,48 | 1,8000 | 2,07 | 1,47 |
| | gute | 2,59 | 2,38 | 1,8485 | 2,45 | 1,76 |
| %-Leistung | schlechte | 100,0 % | 84,90 % | 53,09 % | 88,60 % | 80,82 % |
| | mittlere | 100,0 % | 99,16 % | 73,26 % | 85,72 % | 61,11 % |
| | gute | 100,0 % | 91,74 % | 76,25 % | 100,00 % | 68,24 % |

Anmerkungen: %-Leistungen werden immer im Verhältnis zur Leistung beim statischen Schießen auf statische Ziele in der jeweiligen Teilstudie berechnet; die Ergebnisse des statischen Schießens auf statische Ziele wird nur aus der Teilstudie „Schießen auf horizontal bewegte Ziele“ berichtet; die entsprechenden Ergebnisse aus den Teilstudien können davon abweichen.

*Tabelle 197: Einfluss der Schießfertigkeit auf die Leistung beim Schießen in/aus der Bewegung*

| **%-Leistung** | | **statisch** | **vorwärts** | **rückwärts** | **zickzack** | **ziel-gerichtet** | **schnell vorwärt** |
|---|---|---|---|---|---|---|---|
| Treffersumme | | 100,0 % | 99,50 % | 87,74 % | 78,18 % | 81,79 % | 78,18 % |
| 1. Schuss | | 100,0 % | 95,51 % | 85,54 % | 74,40 % | 79,38 % | 81,00 % |
| Signifikanz (im Vergleich mit statisch) | Haupteffekt | - | ,000** | ,005** | ,014* | ,053 | ,024* |
| | Interaktion | - | ,032* | ,597 | ,556 | ,885 | ,296 |
| Mittelwerte Summe | schlechte | 2,43 | 1,90 | 1,86 | 1,35 | 1,56 | 1,65 |
| | mittlere | 2,51 | 2,46 | 1,81 | 1,79 | 1,78 | 2,16 |
| | gute | 2,59 | 2,62 | 2,25 | 1,80 | 1,98 | 1,87 |
| %-Leistung | schlechte | 100,0 % | 85,98 % | 86,67 % | 65,71 % | 75,00 % | 74,29 % |
| | mittlere | 100,0 % | 101,78 % | 79,85 % | 79,49 % | 79,82 % | 90,15 % |
| | gute | 100,0 % | 98,01 % | 90,15 % | 77,19 % | 83,03 % | 79,19 % |

Anmerkungen: %-Leistungen werden immer im Verhältnis zur Leistung beim statischen Schießen auf statische Ziele in der jeweiligen Teilstudie berechnet; die Ergebnisse des statischen Schießens auf statische Ziele wird nur aus der Teilstudie „Schießen auf horizontal bewegte Ziele" berichtet; die entsprechenden Ergebnisse aus den Teilstudien könne davon abweichen.

*Tabelle 198: Einfluss der Schießfertigkeit auf die Leistung beim Schießen in/aus der Bewegung auf bewegte Ziele*

| **%-Leistung** | | **statisch** | **Schütz*in vorwärts-gehend, Ziel horizontal** | **Schütz*in schnell zielgerichtet/zickzack gehend, Ziel zufällig** |
|---|---|---|---|---|
| Treffersumme | | 100,0 % | 86,78% | 58,27 % |
| 1. Schuss | | 100,0 % | 82,22 % | 54,56 % |
| Signifikanz (im Vergleich mit statisch) | Haupteffekt | - | ,679 | ,682 |
| | Interaktion | - | ,627 | ,437 |
| Mittelwerte Summe | schlechte | 2,43 | 1,83 | 1,33 |
| | mittlere | 2,51 | 2,03 | 1,20 |
| | gute | 2,59 | 1,86 | 1,24 |
| %-Leistung | schlechte | 100,0 % | 86,21 % | 64,63 % |
| | mittlere | 100,0 % | 92,86 % | 57,14 % |
| | gute | 100,0 % | 81,18 % | 53,41 % |

Anmerkungen: %-Leistungen werden immer im Verhältnis zur Leistung beim statischen Schießen auf statische Ziele in der jeweiligen Teilstudie berechnet; die Ergebnisse des statischen Schießens auf statische Ziele wird nur aus der Teilstudie „Schießen auf horizontal bewegte Ziele" berichtet; die entsprechenden Ergebnisse aus den Teilstudien können davon abweichen.

### 4.5.2 Schießgeschwindigkeit

Die Schießgeschwindigkeit scheint vor allem bei eher einfacheren Bewegungsformen mit der Leistung zusammenzuhängen (siehe Tabelle 199). Dabei sind die Korrelationen eher sehr niedrig. Bei den Bewegungsformen der Schütz*innen bzw. des Ziels, die mit ausgeprägteren Leistungseinbußen beim Treffen verbunden sind, finden sich keine statistisch signifikanten Zusammenhänge mit der Schießgeschwindigkeit. Während also bei einfacheren Bewegungsformen die Trefferleistung noch leicht mit der Schießgeschwindigkeit verbunden zu sein scheint, ist sie dies bei anspruchsvolleren Bewegungen des Ziels und/oder des/r Schütz*in nicht. Sich also beim Schießen eher Zeit zu nehmen oder zu beeilen, scheint keine Auswirkungen auf die Trefferleistungen zu haben.

*Tabelle 199: signifikante Korrelationen der Schießleistung beim Schießen mit Dynamik und den verschiedenen Schießzeiten*

| Zeit für | dynamisches Ziel | | | | dynamische/r Schütz*in | | | | | Kombination | |
|---|---|---|---|---|---|---|---|---|---|---|---|
| | horizontal | horizontal-schnell | diagonal | zufällig | vorwärtsgehend | rückwärtsgehend | zickzack laufend | zielgerichtet gehen | schnell vorwärtsgehend | Schütz*in vorwärtsgehend, Ziel horizontal | Schütz*in schnell zielgerichtet gehend, Ziel zufällig |
| 1. Schuss dynamisch | -,205 | – | -,253 | – | -,193 | – | ,327 | – | – | – | – |
| 1. + 2. Schuss dynamisch | -,232 | – | -,299 | – | -,229 | – | ,347 | ,202 | – | – | – |
| 1.+2.+3. Schuss dynamisch | -,335 | – | -,401 | – | -,278 | ,163 | ,352 | ,210 | – | – | – |
| 4 Präzisionsschüsse | -,174 | – | – | – | – | – | – | – | – | – | – |
| 4 grob visierte Schüsse | -,140 | – | -,206 | – | – | – | – | ,230 | – | – | – |
| 3 Schüsse statisch | -,223 | – | – | – | -,263 | – | – | – | – | – | – |

### 4.5.3 Schießtaktik

Nur in einem Fall erwies sich ein Einfluss der Schießtaktik als statistisch signifikant (siehe Tabelle 200). Dies bedeutet, dass die Schießtaktik fast keinen Einfluss auf die Leistung beim Schießen im Zusammenhang mit Bewegung hat. Zu beachten ist hier, dass die Zuweisung zu den Taktiken nicht experimentell zufällig erfolgte, sondern selbst gewählt war. Somit kann streng genommen nichts über die Taktik allgemein ausgesagt werden, sondern eher über die Passung Taktik-Schütz*in.

*Tabelle 200: Signifikanz der Unterschiede der Schießleistung zwischen den verschiedenen Schießtaktiken*

| **Schießtaktik** | **dynamisches Ziel** | | | | **dynamische/r Schütz*in** | | | | | **Kombination** | |
|---|---|---|---|---|---|---|---|---|---|---|---|
| | horizontal | horizontal-schnell | diagonal | zufällig | vorwärts | rückwärts | zickzack | zielgerichtet | schnell vorwärts | Schütz*in vorwärts-gehend, Ziel horizontal | Schütz*in schnell zielgerichtet gehend, Ziel zufällig |
| Ziel verfolgend vs. auf Ziel wartend | ,151 | ,670 | ,391 | ,909 | | | | | | | |
| aus der Bewegung vs. in der Bewegung | | | | | ,059 | ,842 | ,171 | ,413 | ,149 | ,008** | ,880 |

# 5 Diskussion

Im Nachfolgenden werden methodische Grundlagen sowie die erzielten Ergebnisse hinsichtlich ihrer Generalisierbarkeit und bezüglich des Transfers in reale Feuergefechte diskutiert. Dabei wird zunächst auf Methodisches eingegangen und anschließend der Transfer der erzielten Ergebnisse besprochen. Abschließend werden Forschungsfragen, die sich daraus ergeben, aufgezählt.

## 5.1 Methodisches

### 5.1.1 Versuchspersonen

Mit insgesamt 1.963 Teilnehmern konnten 1.757 verwertbare Datensätze für 11 Teilstudien gewonnen werden. Die Versuchspersonen waren sogenannte Direkteinsteiger*innen wie auch Aufsteiger*innen einer Polizeihochschule. Damit handelt es sich um sowohl vollausgebildete Polizeibeamt*innen mit einer mehrjährigen Berufserfahrung wie auch Anfänger*innen mit wenig Einsatzerfahrung. Diese verfügen über eine abgeschlossene Schießausbildung sowie mitunter auch diesbezügliche Fortbildungen. Auch mussten alle Versuchspersonen bereits mehrfach die Kontrollübung absolvieren und bestehen. Damit können die Teilnehmer*innen als umfassend aus- und mitunter auch fortgebildet für den Bereich Schießen gelten. Es ist jedoch zu beachten, dass diese Aus- und Fortbildung Spezifika des Landes Baden-Württemberg beinhalten kann. Zwar sind die grundlegende Aus- und Fortbildung durch die Polizeidienstvorschrift 211 bundesweit festgelegt, jedoch die Umsetzung sowie Fortführungen etc. länderspezifisch. Die Versuchspersonen können damit zwar als einigermaßen repräsentativ für die Polizeibeamt*innen in Baden-Württemberg gelten, jedoch ist ihre Repräsentativität für die Polizei anderen deutscher Länder unklar. Es wird jedoch davon ausgegangen, dass andere Bundesländer kaum wesentliche Differenzen hinsichtlich des Schießens in/aus der Bewegung bzw. auf bewegte Ziele aufweisen, welches die PDV 211 kaum thematisiert.[8] Dabei ist davon auszugehen, dass sich die Schießaus- und -fortbildung durchaus unterscheidet, wie Lorei et al. (2023a, b, c) zeigen. Nicht nur, dass die Art und Weise sowie der Stundenumfang unterschiedlich sind, so sind auch taktische Fortbildungen bestimmter Einsatzlagen entscheidend für das dabei trainierte Schießen. So wird im Training lebendbedrohlicher Einsatzlagen mit Farbmarkierung dynamisch geübt. Hier schießen die Übenden dann in/aus der Bewegung auf

[8] Häufig unterbinden auch die Schießbahnordnungen ein Schießen in der Bewegung, weshalb nur ein Schießen aus der Bewegung geübt werden kann.

bewegte Ziele (=Angreifer*innen). Unklar ist dabei allerdings, wie hoch diese Übungsanteile sind und ob diese dann auch in einer deutlichen Veränderung der Trefferleistung resultieren.

Auch ist die Repräsentativität hinsichtlich jüngerer Polizeibeamt*innen zu diskutieren. So verfügen die Versuchspersonen über eine gemischte Berufspraxis. Dies bedeutet, dass ihre grundlegende Schießausbildung kurz oder aber mehrere Jahre zurückliegt. Einerseits kann es auch innerhalb des Landes zu einer Modifikation der Schießausbildung gekommen sein. Andererseits sind Polizeibeamt*innen, die erst vor kurzem ihre Schießausbildung erhalten haben möglicherweise nicht nur anders ausgebildet, sondern verfügen auch über ein anderes Schießniveau, da die Schießausbildung sehr umfassend sein kann und das dadurch erzielte Niveau eventuell durch die Fortbildung nur beschränkt gehalten oder vielleicht auch gesteigert werden kann. Dies ist jedoch unsicher, da Vergleiche der Leistungen diesbezüglich fehlen.

Insgesamt unklar ist auch, ob und wie sich eventuelle Unterschiede in Aus- und Fortbildung auf die hier erzielten Ergebnisse auswirken. So kann angenommen werden, dass Polizeibeamt*innen, die hinsichtlich des Schießens in bzw. aus der Bewegung oder auf bewegte Ziele trainiert sind, eine bessere Schießleistung in den entsprechenden Übungen erzielen. Dies kann darauf zurückgeführt werden, dass die Qualität in den grundlegenden Schießarten Präzision- und grob visiertes Schießen einen Einfluss auf die Trefferleistung beim Schießen mit Bewegung zeigte. Es kann deshalb davon ausgegangen werden, dass eine Fortbildung bzgl. des Schießens mit Bewegung ebenso einen Einfluss auf das Schießen mit Bewegung hat. Wie hoch dieser Trainingseffekt dann ist, muss noch gezeigt werden. Dabei wird jedoch davon ausgegangen, dass sich das Training auf die unterschiedlichen Anspruchsgrade nicht differenziell auswirkt, so dass insgesamt nur die Intensität des Abfallens der Leistung bei Steigerung des Bewegungsanspruchs sich verändert. Dies ist für alle Anspruchsgrade aber vergleichbar (=keine Interaktionseffekte – dies entspricht dem Ausbleiben der Interaktionseffekte in der hier vorliegenden Studie). Damit würde auch die Rangfolge der Bewegungen mehr oder minder erhalten bleiben.

Letztendlich bleibt die Repräsentativität der Versuchspersonen und ihrer Schießqualität für die Gesamtheit aller Polizeibeamt*innen in Deutschland unklar. Jedoch dürften sich mögliche Abweichungen zu anderen Polizeibeamt*innen eines vergleichbaren Ausbildungsniveaus (also keine Spezialeinheiten) beschränken und die wesentlichen Resultate dieser Studie nicht bedeutsam beeinträchtigen. Deshalb wird davon ausgegangen, dass die Versuchspersonen insgesamt hinreichend repräsentativ bzgl. der erzielten Ergebnisse sind. Die erzielten Ergebnisse gelten demnach auch für andere Polizeibeamt*innen hinlänglich gut. Es wird damit für Polizeibeamt*innen auch jenseits der Versuchspersonengruppe aus den Ergebnissen der hier vorliegenden Studie gefolgert: Der Einfluss von Bewegung auf das Treffen ist abhängig von der Art und Intensität der Bewegung des/r Schütz*in und des Ziels und nimmt mit der Komplexität mitunter massiv zu. Bewegung von Schütz*innen und Zielen kann deshalb in realen Feuergefechten zur Erklärung der dort gefundenen Trefferquoten einen erheblichen Erklärungsanteil liefern.

### 5.1.2 Validität der Bewegungen und Ziele

Die Studie wollte den Einfluss von Bewegung auf das Treffen beim polizeilichen Schusswaffeneinsatz untersuchen. Dabei wurde eine Laborsituation (Schießanalage) eingesetzt, welche eine hohe Standardisierung der Versuchsbedingungen wie auch der Messungen erlaubt. Damit stellt sich allerdings auch die Frage der Validität. Diese ist einerseits von der Objektivität und Reliabilität abhängig. Beide scheinen durch die Standardisierung, eine digitale Messung und eine eindeutige Durchführung zu einem hohen Maß gegeben (sie werden hier nicht versucht zu bestimmen). Entscheidender erscheint deshalb die Repräsentativität der Bewegungsarten sowie der Ziele zu sein. Die Bewegungsarten der Schütz*innen wurden in grundlegende Arten unterteilt, um deren Unterschiedlichkeit bestimmen zu können. Dabei war dies vorwärts wie rückwärts. Diese beschrieben bei Lorei und Balaneskovic (2020) fast die Hälfte aller Schütz*innen (43,5 % keine Bewegung, 13 % vorwärts auf das Gegenüber zugehend, 30%-mal rückwärtsgehend). Die Bewegungsgeschwindigkeit variierte dabei von langsam zu schnell. Zusätzlich wurde ein Zickzacklauf und ein zielgerichtetes Gehen realisiert, welches bei Lorei und Balaneskovic (2020) zwar nicht berichtet wurde, aber einerseits komplexere Bewegung darstellen und andererseits einem taktischen Vorgehen durchaus entsprechen können (z. B. dem Laufen beim Einnehmen einer Deckung). Damit sind sicherlich grundlegende Bewegungsarten, welche bei einem Feuergefecht angetroffen werden können, realisiert. Insgesamt sind vor allem langsame Bewegungen untersucht worden, um einerseits den Einfluss der Bewegungsart zu prüfen und andererseits die Sicherheit bei der Übung dennoch zu gewährleisten. Dies war deshalb notwendig, da über komplexere, schnelle Bewegungen eines/r Schütz*in in einer Schießübung zu wenig Erkenntnisse vorlagen, um die Sicherheit zu garantieren. Ein Stolpern, Fallen oder Ähnliches sollte aus Sicherheitsgründen (siehe unbeabsichtigte Schussabgabe, Lorei & Heim, 2022; Lorei, 2023) unbedingt vermieden werden. Ansonsten müsste ein Wechsel der Munition hin zu Farbmarkierung erwogen werden, wie dies Kerkhoff, Bolck und Mattijssen (2016) nutzen.

Es zeigte sich schon bei langsamen Bewegungen des/r Schütz*in Unterschiede zwischen Trefferquoten. Insgesamt beeinträchtigt fast jede Bewegung des/r Schütz*in seine/ihre Trefferquote. Bewegt er/sie sich dazu noch schnell, so nimmt die Trefferwahrscheinlichkeit deutlich ab. Es kann angenommen werden, dass in einem realen Feuergefecht die Bewegungsgeschwindigkeit eher noch höher ist als in der hier realisierten Übung. Damit überschätzen die hier erzielten Trefferraten die in realen Feuergefechten eher. Die Bewegungen in der Studie können also als annähernd repräsentativ, wenn auch als eher unterschätzend in ihrer Auswirkung auf das Treffen in realen Feuergefechten angesehen werden.

Hinsichtlich der Bewegung der Ziele stellten Lorei und Balaneskovic (2020) fest, dass die überwiegende Mehrheit der Ziele sich bewegte. 86,4 % der Befragten bei Lorei und Balaneskovic (2020) gaben dies an. Damit kann das Schießen auf statische Ziele fast schon als nicht repräsentativ angesehen werden bzw. muss dies für spezifische Situationen als Ausnahme angesehen werden. Über die Bewegungsformen der Ziele finden sich keine empirischen Erkenntnisse. Damit können hinsichtlich der Repräsentativität von Bewegungsform (Richtung), -geschwindigkeit, -amplitude nur Annahmen gemacht werden. Aus diesem Grund wurden in der hier vorliegenden Studie grundlegende Bewegungsformen realisiert. Es stellt sich dabei heraus, dass monotone langsame Bewegungen nur einen geringen Einfluss auf die Trefferquote haben, während eine höhere Geschwindigkeit und eine Unberechenbarkeit eine deutliche Auswirkung auf die Trefferwahrscheinlichkeit zeigen. Dabei dürften letztere in Feuergefechten eher vorliegen. Die in der Übung realisierte Bewegungsamplitude dürfte in etwa auch der eines sich bewegenden Gegenübers entsprechen. Insgesamt werden die Bewegungen mit hoher Geschwindigkeit und unvorhersehbarem Verlauf als typisch für Feuergefechte angesehen.

Neben der Bewegung des Ziels ist auch die Zielgröße hinsichtlich ihrer Repräsentativität zu bewerten. Sicherlich ist ein menschlicher Körper deutlich größer als die hier als Ziel verwendeten Kreise mit 26 cm Durchmesser. Dabei ist jedoch die Wahl des Zielgebietes eines/r Schütz*in nicht zufällig, sondern stellt das Resultat einer mehr oder minder bewussten und taktischen Auswahl dar. Entsprechende Trefferwirkungen sind nur in einigen Bereichen möglich und werden deshalb dann auch als Ziel ausgewählt (vgl. Rothschild, 2008; Rothschild & Kneubuehl, 2012; Lorei, 2017). Damit kann die Zieldarstellung in ihrer Größe als einigermaßen repräsentativ angesehen werden. Dabei bestimmt die Zielgröße auch den Schießwinkel[9] (also den Bereich vor dem/r Schütz*in, in dem ein Schuss ein Ziel trifft). Weniger die eigentliche Größe des Ziels als den Schießwinkel direkt beeinträchtigt, dass die in der hier vorliegenden Studie dargestellten Ziele sich nur zweidimensional

[9] Der Schießwinkel wird hierbei analog des Sehwinkels verstanden, welcher der Winkel zwischen den zwei äußeren Randpunkten eines Objektes und dem Auge als Schnittpunkt der beiden Verbindungen zwischen Auge und Randpunkt ist (Goldstein, 2015). Dabei ist der sich ergebende Winkel ein Resultat aus der Objektgröße (Randpunkte) und seiner Entfernung zum Auge (Goldstein, 2015).

bewegen und nicht in drei Dimensionen. Verändert das Ziel seine Position vor dem/r Schütz*in nur in horizontaler und vertikaler Richtung, bleibt der Schießwinkel einigermaßen konstant bzw. ändert sich geringfügig und damit die Schwierigkeit das Ziel zu treffen ebenso (siehe Abbildung 53). Bewegt sich das Ziel aber in der Tiefe des Raums, so verändert sich dabei der Schießwinkel deutlicher. Entsprechend steigt oder fällt auch die Schwierigkeit, das Ziel zu treffen. Damit ist die hier in der Studie realisierte zweidimensionale Bewegung möglicherweise für ein reales Feuergefecht wiederum weniger repräsentativ. Die in der hier vorliegenden Studie erzielten Trefferraten überschätzen dann die Trefferquoten in der Realität. Dabei ist allerdings auch die Bewegung des/r Schütz*in auf das Ziel zu berücksichtigen, welche eine Bewegung des Ziels in die Tiefe des Raums bzgl. des Schießwinkels kompensieren kann. Die Größe des Ziels ist auch in Verbindung mit der Geschwindigkeit der Bewegung des Ziels zu betrachten. So beeinflusst die Größe des Ziels auch das Zeitfenster, in dem ein/e Schütz*in das Ziel beschießen kann (de la Malla & López-Moliner, 2015), was sich wiederum auf die Trefferwahrscheinlichkeit auswirken kann.

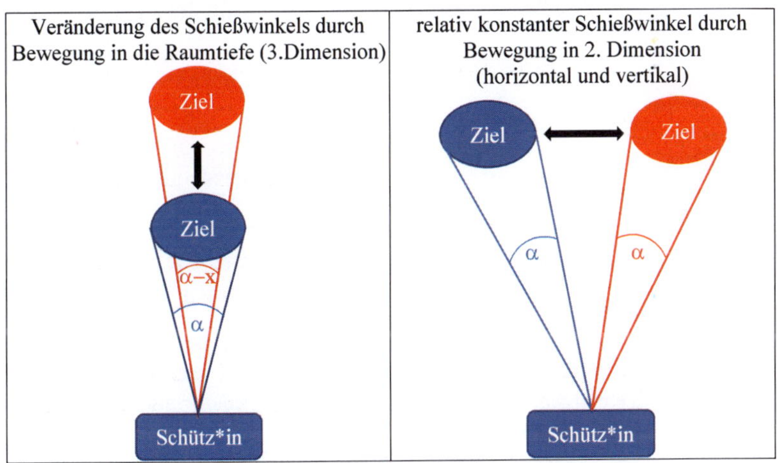


*Abbildung 53: Veränderung des Schießwinkels durch Bewegung des Ziels im Raum*

Eine weitere Reduzierung der Repräsentativität der Ergebnisse ist anzunehmen, wenn man eine potenzielle Rotation des/r Beschossenen berücksichtigt (siehe Abbildung 54). Dreht z. B. der/die zu Beschießende seinen/ihren Körper von einer sehr frontalen Haltung in eine eher schräge Position, so bietet er ein „kleineres Ziel". Mit der Rotation des Ziels kann sich also der Schießwinkel und damit die Wahrscheinlichkeit/Schwierigkeit, zu treffen, ändern. Damit überschätzen die Ergebnisse, welche in der hier vorliegenden Studie realisiert wurden, noch mehr die Trefferquoten in der Realität. Nachfolgende Studien haben dies zusätzlich zu überprüfen.

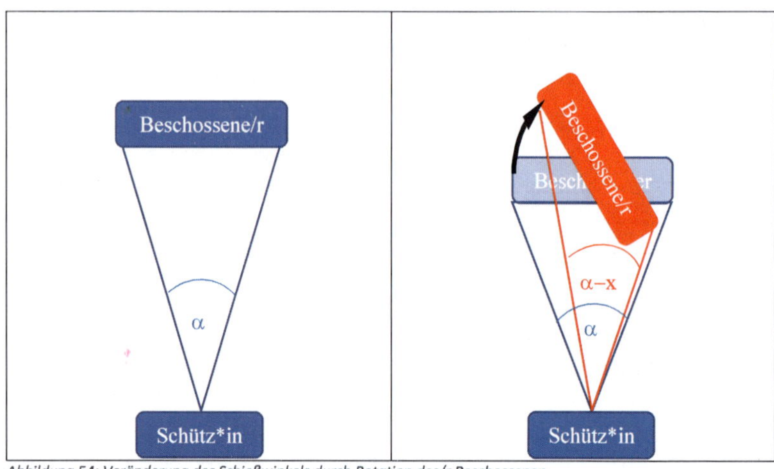


*Abbildung 54: Veränderung des Schießwinkels durch Rotation des/r Beschossenen*

Einschränkend ist auch zu bemerken, dass die Zieldarstellung ein einfaches geometrisches Objekt vor einem neutralen Hintergrund war. In einer realen Situation ist das Ziel jedoch visuell komplexer und bewegt sich. Auch muss berücksichtigt werden, dass das Ziel dort möglicherweise einen komplexen sowie auch mehr oder minder dynamischen Hintergrund bzw. Umgebung besitzt. Dieser visuelle Hintergrund des Ziels kann aber einen Effekt auf die Schießleistung haben, wie Caroux, Le Bigot und Vibert (2015) fanden. Bei ihnen beeinträchtigte sowohl die Komplexität des Hintergrundes als auch dessen Bewegung die Leistungen bei einer virtuellen Schießaufgabe. Eine realistische Szene mit komplexem Hintergrund kann also weiter die Leistung bei einem Feuergefecht reduzieren.

### 5.1.3 Methodische Überlegungen zur Bedingungsvariation und Reihenfolgeeffekten

Die Wirkung von Bewegung wurde durch intraindividuelle Vergleiche experimentell untersucht. Damit ist sichergestellt, dass Leistungsunterschiede beim Schießen kausal auf den Einfluss von Bewegung des/r Schütz*in oder des Ziels zurückgeführt werden können. Hierbei zeigte sich kein Reihenfolgeeffekt. Dies ist methodisch einem interindividuellen Versuchsdesign überlegen. Dabei sind die Vergleiche der Effekte unterschiedlicher

Bewegungen jedoch interindividuell. Dies war erforderlich, da eine Bewegungsvariation auf intraindividueller Ebene einerseits zu aufwändig zu realisieren gewesen wäre und andererseits hier Lern- oder Ermüdungseffekte zu befürchten gewesen wären. Als Kritik hierzu ist anzumerken, dass dabei durchaus unterschiedliche Leistungen bei der Erhebung der Baseline (statisches Schießen auf ein statisches Ziel) zu finden waren. Zum Beispiel erzielten 62,9 % der Gruppe „horizontale Bewegung des Ziels“ drei Treffer, während dies nur 50,5 % der Gruppe „diagonale Bewegung des Ziels“ erreichten. Entsprechend können die Effekte der Bewegung möglicherweise auch differenziell wirken. Dem entgegenzuhalten ist, dass der Einfluss der Schießqualität in grundlegenden Schießarten (Präzision- und grob visiertes Schießen) auf die Trefferrate zwar gezeigt werden konnte, aber keinerlei Interaktionseffekte zu finden waren. Die Bewegung wirkte sich also bei allen unterschiedlichen Qualitätsstufen gleich aus, was dafürspricht, dass die unterschiedlichen Baseline-Leistungen nicht zu unterschiedlichen Effekten auf die Trefferquoten führen. Nachfolgende Studien sollten dennoch die Rangfolge des Einflusses unterschiedlicher Bewegungen mit einer intraindividuellen Variation zu replizieren versuchen.

## 5.2 Auswirkung von Bewegung auf die Trefferleistung

Im theoretischen Teil wurden drei Hypothesen aufgestellt:

1. Hypothese: Die Trefferleistung eines/r statischen Schütz*in auf ein statisches Ziel ist besser als die Trefferleistung eines/r sich bewegenden Schütz*in auf ein statisches Ziel.

2. Hypothese : Die Trefferleistung eines/r statischen Schütz*in auf ein statisches Ziel ist besser als die Trefferleistung eines/r statischen Schütz*in auf ein sich bewegendes Ziel.

3. Hypothese : Die Trefferquote einer Kombination der Bewegung des/r Schütz*in mit der Bewegung des Ziels ist deutlich niedriger als die Trefferleistung eines/r statischen Schütz*in auf ein statisches Ziel.

Alle drei Hypothesen können als durch die erzielten Ergebnisse als eindeutig belegt angesehen werden.

Wichtig bei der Bewertung der Ergebnisse ist es, stets zu berücksichtigen, dass hier nur die Treffer eines Ziels erfasst und gezählt wurden. Wie dieser Treffer wiederum in einem Feuergefecht zu bewerten ist, ist eine ganz andere Sache und hängt von vielen verschiedenen Faktoren ab, wie die potenzielle, ballistische Wirksamkeit der Munition sowie das getroffene Gebiet. Beim medizinischen Effekt eines Treffers ist dabei die sofortige Wirkung von medizinischen mittel- bis langfristigen Folgen zu unterscheiden. Diese

Trennung ist von hoher Relevanz. Denn auch wenn die mittel- bis langfristige Wirkung vielleicht im Tod besteht, kann eine Person nach einem Treffer noch eine Zeitlang voll handlungsfähig sein (Rothschild & Kneubuehl, 2012). Ein Treffer wäre dann in Bezug auf Angriffs- oder Fluchtfähigkeit des Beschossenen wirkungslos. Ein/e Schütz*in könnte dann weiterschießen (müssen), bis er/sie eine Trefferwirkung wahrnimmt. Dabei muss die Wirkung eines Treffers und die Wahrnehmung dieser Wirkung auch nicht zeitlich identisch sein.

Die aktuell verbreitete Polizeieinsatzmunition wurde aus verschiedenen Gründen eingeführt und wird seit ca. 20 Jahren eingesetzt (Lorei, 2017). Eine wesentliche Eigenschaft soll die sogenannte „Mannstoppwirkung" dieser Munitionsart sein. Hierbei geht es um die Wirkung eines Geschosses auf eine Person, um diese durch einen Treffer angriffs- oder fluchtunfähig zu machen. Dieser Eigenschaft der Patrone kommt eine hohe Bedeutung zu. Jedoch zeigt sich bisher nur eine geringe Evaluation diesbezüglich (Lorei, 2017). Entsprechend ist das Wissen eher gering und eher mythenhaft (Rothschild & Kneubuehl, 2012). Man muss davon ausgehen, dass ein Treffer zumindest kurzfristig von wirkungslos bis tödlich in wenigen Sekunden wirken kann (Rothschild & Kneubuehl, 2012; Lorei, 2017). Soll also eine Veränderung der Trefferleistung im Zusammenhang mit Bewegung aus taktischen Gesichtspunkten bewertet werden, muss dabei berücksichtigt werden, dass ein Treffer nicht automatisch einer medizinischen Wirkung gleichgesetzt werden darf.

Hinsichtlich der Studienergebnisse lässt sich zusammenfassend feststellen, dass Bewegung die Trefferleistungen beeinträchtigt. Dies gilt sowohl, wenn der/die Schütz*in sich bewegt, als auch, wenn das Ziel sich dynamisch verhält. Dabei deuten die Ergebnisse darauf hin, dass einfache und langsame Bewegungen, auch in Kombination einer Bewegung des/r Schütz*in mit einer Bewegung des Ziels, noch recht gut durch den/die Schütz*in kompensiert werden können. Sie treffen nur zu einem geringen Anteil seltener das Ziel. Muss sich jedoch der/die Schütz*in schnell bewegen oder bewegt sich das Ziel schnell oder wird das Ziel unberechenbar bewegt, wird das Trefferverhalten massiv beeinträchtigt. Dabei fällt die Trefferleistung auf bis zu 50 % der Leistung ab, die bei einem statischen Schießen auf ein statisches Ziel möglich ist. Dies bedeutet, dass ein vier Meter entferntes Ziel von einem Fünftel der Polizeibeamt*innen nicht mehr getroffen wird, wenn sie sich selbst schnell bewegen und auf ein sich zufällig bewegendes Ziel schießen. Dies dürfte einem realen Feuergefecht sehr ähnlich sein: Auch hier wird sich ein/e Schütz*in beeilen, z. B. eine Deckung aufzusuchen und gleichzeitig auf einen Angreifer zu schießen, der sich eher zufällig bewegt. Immerhin treffen aber auch fast die Hälfte einmal mit drei Schuss. Dies bedeutet, dass in einem Feuergefecht doch die überwiegende Mehrheit der

Polizeibeamt*innen relativ schnell ein Gegenüber mit einem Schuss trifft, selbst wenn sie sich selbst bewegen und auch der Angreifer sich bewegt. Dabei leidet jedoch die Präzision, und die Projektile einer Schussserie werden weiter verstreut. Zu bedenken ist hierbei, dass dies exklusiv Einflüsse der Bewegung sind und weitere Aspekte (siehe weiter unten) zu berücksichtigen sind. In einem realen Feuergefecht kann dann die Trefferquote noch niedriger werden. Dabei gilt dies für beide Parteien.

## 5.3 Einflüsse auf den Effekt von Bewegung auf die Trefferleistung

### 5.3.1 Grundlegende Schießqualität

Die individuelle allgemeine Schießqualität, hier gemessen durch die Trefferquoten beim Präzisions- und grob visierten Schießen, hat auch einen Einfluss auf die Trefferrate beim Schießen in Verbindung mit Bewegung. Schütz*innen, die auch bei den grundlegenden Schießarten bessere Leistungen bringen, erzielen diese auch trotz des Einflusses von Bewegung. Dabei schützt hier im Gegensatz zur Studie von Lorei, Grünbaum, Spöcker & Spitz (2017) eine bessere Leistung nicht vor den Leistungseinbußen durch das Bewegen des Ziels und/oder des/r Schütz*in. Es fanden sich keine signifikanten Interaktionen der Qualität mit der Dynamik. Dies bedeutet, dass Schütz*innen mit guten Fertigkeiten bei grundlegenden Schießarten in gleichem Umfang Einbußen durch Bewegung hinzunehmen hatten, wie Schütz*innen, die in grundlegenden Schießarten schlechtere Leistungen erbrachten. Dies steht im Gegensatz zu Lorei, Grünbaum, Spöcker & Spitz (2017). Sie fanden, dass die Leistung von Schütz*innen mit guten Grundlagenfertigkeiten weniger durch eine Steigerung der Schießgeschwindigkeit litt, als dies bei eher weniger guten Schütz*innen der Fall war. Es bleibt also dabei, dass eine gute Schießqualität in den Grundlagen auch zu einem besseren Trefferergebnis beim Schießen unter Einfluss von Bewegung führt, aber nicht zusätzlich noch den negativen Effekt der Bewegung mildert.

### 5.3.2 Schießtaktik

Um Bewegung im Gegensatz zu Statik zu kompensieren, sind je nach Bewegung unterschiedliche Taktiken möglich. Bewegt sich der/die Schütz*in selbst, so kann er/sie einerseits schießen, während er/sie sich weiterbewegt (Schießen *in* der Bewegung), oder er/sie kann seine/ihre Bewegung unterbrechen und unmittelbar danach schießen (Schießen *aus* der Bewegung). Im Rahmen der hier untersuchten Bewegungen des/r Schütz*in fand sich kein Vorteil für eine dieser beiden Taktiken. Die Trefferquoten unterschieden sich bei den beiden Taktiken in keinem Fall. Dabei wurde aber das Schießen aus der Bewegung (N=217; 125, 141, 123, 148, 72, 88) gegenüber dem Schießen in der Bewegung (N=67, 41, 6, 11, 27, 38, 30) deutlich bevorzugt.

Als Schießtaktiken für bewegte Ziele sind ebenso zwei Taktiken zu unterscheiden (Schendel & Johnston, 1983). Einerseits kann mit der Zieleinrichtung der Waffe das Ziel verfolgt werden (Ziel verfolgend, das sog. Tracking). Andererseits kann die Bewegung des Ziels antizipiert und die Waffe auf einen Punkt gerichtet werden, an dem dann auf das Ziel gewartet wird (auf Ziel wartend, das sog. Trapping). Auf für diese beiden Schießtaktiken fand sich kein Unterschied hinsichtlich der Trefferleistungen. Dabei wurde die Taktik Ziel verfolgend (N=206, 62, 63, 78) deutlich gegenüber der Taktik auf Ziel wartend (N= 88, 35, 29, 26) bevorzugt.

Es muss also festgestellt werden, dass unter Berücksichtigung der unterschiedlichen Zellenbesetzungen und des quasiexperimentellen Ansatzes (die Versuchspersonen wählten selbstständig die Taktik) sowie des interindividuellen Methodenansatzes kein Unterschied zwischen den verschiedenen Schießtaktiken gefunden werden konnte. Vielmehr scheint es angebracht und effektiv, die Taktik selbstständig zu wählen. Letztendlich ist für die abschließende Aufklärung eines möglichen taktischen Vorteils eine experimentelle Untersuchung mit intraindividuellem Vergleich wünschenswert. Dies insbesondere auch vor dem Hintergrund, dass nicht bekannt ist, welche Taktik in einem realen Feuergefecht eingesetzt wird. Ob auch hier eher aus der Bewegung denn in der Bewegung geschossen wird, ist unklar. Sollte hier ein Wechsel der Taktik stattfinden, weil z. B. man unter Beschuss die Priorität auf die eigene Bewegung zum Beispiel zum Aufsuchen einer Deckung legt, könnte dies die Trefferleistung wiederum ändern.

Ohne weitere Untersuchungen kann deshalb nur geraten werden, dass jede/r Schütz*in individuell seine/ihre Taktik wählt. Wenn differenzierte Ergebnisse vorliegen, wie dies Schendel und Johnston (1983) für das Schießen mit einer militärischen Langwaffe zeigen, können für unterschiedliche Schütz*innen Ziele und Schießbedingungen differenzierter empfohlen werden.

### 5.3.3 Schießgeschwindigkeit

Für einen Einfluss der Schießgeschwindigkeit gibt es in der hier vorliegenden Studie keinen eindeutigen Beleg. Es finden sich zwar bei verschiedenen Bewegungsformen korrelative Zusammenhänge der Schießgeschwindigkeit mit der Trefferanzahl, jedoch ist dies auf vorrangig einfache Bewegungen beschränkt und dort nur in geringem Umfang ausgeprägt. Dies spricht dafür, dass bei einfacher, langsamer Bewegung des/r Schütz*in oder des Ziels die Schießgeschwindigkeit noch eine geringe Rolle spielt, wie dies auch Lorei, Grünbaum, Spöcker & Spitz (2017) finden, dies aber bei komplexeren und schnelleren oder kombinierten Bewegungen keinen Einfluss hat. Dabei gilt dies nur für die Geschwindigkeit bei der entsprechenden Übung. Die Schießgeschwindigkeit bei grundlegenden Übungen oder der Baseline zeigt fast nie einen bedeutsamen Zusammenhang mit der Trefferrate. Dies bedeutet, dass es keinen Grund aus der Studie gibt, den Schütz*innen zu raten, schneller zu schießen, um besser bzw. öfter zu treffen. Vielmehr scheint es auf Basis der hier vorliegenden Studie passender, dass jeder individuell seine Geschwindigkeit findet. Hier ist aber noch weiter zu forschen.

### 5.3.4 Stress und Gegenfeuer

Die hier vorgelegten Schießergebnisse wurden in einem Labor (Schießanlage) unter kontrollierten und sicheren Bedingungen erzielt. Die Trefferleistung in Einsatzlagen und damit in realen Feuergefechten muss aber nicht der Trefferleistung des Schießens unter Laborbedingungen oder der des Übungsschießens entsprechen. Es wird bereits seit langem angezweifelt, ob die klassische und damit meist übliche Schießaus- und -fortbildung auf ein reales Feuergefecht adäquat vorbereitet und eine akzeptable Trefferwahrscheinlichkeit gewährleisten kann (Morrison & Vila, 1998). Grund hierfür sind im Wesentlichen sehr große Unterschiede zwischen den Bedingungen in einem Feuergefecht und denen im Training. Schon bei Übungssituationen, die wesentlich einsatzbezogener und realistischer sind, sinken die Trefferquoten deutlich ab (Taverniers & De Boeck, 2014; Lorei, Stiegler & Bäuerle, 2014; Lorei & Stiegler, 2014a; Lorei & Stiegler, 2014b; Lorei & Heimann, 2017). Als insgesamt potenzielle Faktoren für die Unterschiede werden folgende Aspekte genannt (Lorei & Balaneskovic, 2020):

- Dynamik der Situation (Bewegung des/r Schütz*in und/oder des Ziels)
- Stress der Situation
- ungewohntes Schießen (einhändig, schneller)
- unterschiedliches Gefahrenausmaß
- biologische Grenzen
- biomechanische und physiologische Aspekte der Ausrüstung

Während die Erforschung der Dynamik der Situation Gegenstand der hier vorliegenden Studie ist, muss für den Ergebnistransfer sicher noch der Stress und das Gefahrenausmaß berücksichtigt werden. Schade und Bruns (1989) stellten ein Absinken der Trefferrate fest, wenn die Gefährdung zunimmt. Da der polizeiliche Schusswaffengebrauch sehr häufig als Ultima Ratio zur Abwehr einer sehr bedrohlichen Gefahr für sich oder andere dient, kann dieser Einfluss für reale Feuergefechte als meist gegeben angesehen werden. Aber auch ganz allgemein Stress durch die Einsatzsituation selbst kann die Schießleistung deutlich beeinflussen (Lorei, 2014). Dabei stellt sich aber die Frage, wie sich Stress in Feuergefechten auswirkt, da sich der Einfluss unterschiedlicher Stressoren auf verschiedene Leistungsparameter im Zusammenhang mit polizeilichem Einsatzverhalten sehr heterogen auszuwirken scheint (Lorei, 2014). Insgesamt bleibt dabei die Auswirkung von Stress, wie dieser in entsprechenden Polizeieinsätzen vorkommt, auf das Schießen unklar (Lorei, 2014). Je nach Stressor (Zeitdruck, körperliche Anstrengung etc.) und

Leistungsparameter (Entscheidung, Treffgenauigkeit, Erleben etc.) fördert oder beeinträchtigt diese Belastung Aspekte des Schießens. Ob die gefundene Wirkung von Stress auf die Schießleistung, insbesondere die Trefferquote, stets ein Effekt des Stresses ist, kann angezweifelt werden. Mitunter sind die vermeintlichen Stresseffekte eher Folge aufgrund der Veränderung der Aufgaben im Zusammenhang mit dem Stressor (Klein, 1996, S. 57). Dies ist z. B. dann der Fall, wenn in realistischen Szenarien mit Gegenfeuer plötzlich schneller geschossen wird, um den/die Gegner*in zu treffen, bevor man selbst getroffen wird. Dabei ändert sich die Schießleistung nicht als Stresseffekt, sondern als Folge der Abhängigkeit von Schnelligkeit und Präzision beim Schießen (Lorei, Grünbaum, Spöcker & Spitz, 2017). Nieuwenhuys, Savelsbergh und Oudejans (2012) fanden entsprechend unter Angst eine schnellere Schießentscheidung und in diesem Zusammenhang ein schlechteres Treffen. Somit muss alles in allem gefolgert werden, dass Stress neben der Bewegung des/r Schütz*in und/oder des Ziels einen weiteren Einfluss auf die Schießleistung in einem realen Feuergefecht haben kann. Wie sich dies in Kombination auswirkt, ist jedoch noch spezifisch zu prüfen.

## 5.4 Training

Im Rahmen der Studie wurde festgestellt, dass die Trefferwahrscheinlichkeiten bei Bewegung der Schütz*innen und der Ziele mehr oder minder deutlich abnehmen. Wie aus realen Feuergefechten bekannt, kommt es dort dann zu relativ niedrigen Trefferquoten. Insbesondere im Vergleich zum üblichen Übungsschießen überraschen die niedrigen Raten. Dabei muss jedoch für Deutschland festgestellt werden, dass dies bisher zu keinem erheblichen Nachteil von Polizeibeamt*innen ist, da polizeiliche Schusswaffengebräuche in Deutschland einerseits relativ selten sind und andererseits diese doch eher zum Nachteil der von der Polizei Beschossenen enden. Damit dürfte sich der Bewegungseffekt bisher in realen Feuergefechten zwar auf Trefferraten, aber weniger auf den Ausgang dieser Ereignisse auswirken. Damit ergibt sich zunächst nur ein eingeschränkter Optimierungsbedarf. Dennoch kann dies nicht befriedigen, sondern muss zum Handeln veranlassen. Es ist allerdings unklar, ob ein Training des Schießens in Verbindung mit Bewegung einen Trainingseffekt hervorbringen kann. Dies ist noch zu zeigen, wobei sich dies im Schießsport zeigen lässt, da hier deutliche Unterschiede zwischen guten und weniger guten Schütz*innen in Wahrnehmungs- und Bewegungsaspekten zu finden sind (Causer, Bennett, Holmes, Janelle & Williams, 2010). Auch ein Hinweis auf eine potenzielle Trainierbarkeit sind die Ergebnisse von de Lussanet, Smeets und Brenner (2001), die bei sich wiederholenden Aufgaben, in den sich bewegende Ziele zu treffen waren, fanden, dass die Versuchspersonen aus vorherigen Durchgängen lernten und somit die Bewegungen besser antizipieren konnten, was die Trefferwahrscheinlichkeit erhöhte. Dabei ist zu zeigen, ob dies nicht nur in einem temporal engen Zeitfenster (also unmittelbar hintereinander folgende Durchgänge), sondern auch bei deutlichen Latenzen zwischen Lernen (Training) und Abruf (Einsatz) gilt. Ebenso ist offen, ob genügend repräsentative Bewegungen im Training gelernt werden können, die dann zu einer erhöhten Trefferquote durch Inferenzen beim Abruf führen. Es stellt sich dabei auch die Frage, ob ein sich demgegenüber unberechenbar bewegendes Ziel durch Übung ebenso besser zu treffen ist und auf welcher kognitiv-motorischen Basis dies erfolgen kann. Hinsichtlich der Bewegungsgeschwindigkeit könnte vergleichbar eine Begrenztheit des Reaktions- und Bewegungssystems des/r Schütz*in ebenso zu einem fraglichen Trainingseffekt führen. Dies nehmen zum Beispiel Vila und Morrison (1994) als Grund dafür an, dass in realen Feuergefechten niedrige Trefferquoten zu finden sind. Andererseits zeigt der Effekt der Schießqualität beim Präzisions- wie auch grob visierten Schießen auf die Trefferraten beim Schießen in Verbindung mit Bewegung, dass die Trefferraten nicht vom Zufall abhängen, sondern einen Zusammenhang mit Können aufweisen. Entsprechend kann hier auch angenommen werden, dass ein Training sowohl in den Schießgrundlagen wie auch in Verbindung mit Bewegung eine Leistungssteigerung bewirken kann.

Neben eher motorischen Effekten bzw. Wirkung bzgl. der Hand-Auge-Koordination sind aber auch motivationale Effekte des Trainings zu berücksichtigen. So fanden Gernigon, Fleurance und Reine (2000) bei einer Computer-Schießsimulation je nach Lernerfahrung eine geringere Selbstwirksamkeitsüberzeugung im Sinne der gelernten Hilflosigkeit, die mit einer schlechteren Trefferleistung in einem anschließenden Test einherging. So kann ein Training des polizeilichen Schießens aus/in der Bewegung auf bewegte Ziele womöglich auch über diese motivationalen Aspekte die Trefferleistung in realen Feuergefechten verbessern.

Uhl, Bink, James & Jackson (2017) konnten für militärische Schütz*innen mit Langwaffen zeigen – sowohl normale Soldat*innen wie auch Schafschütz*innen –, dass ein Training, dass das Schießen auf bewegte Ziele – bei ihnen Zielroboter – übte, einen deutlichen, positiven Effekt auf die Trefferquote haben kann. Dabei kamen neben der völlig anderen Bewaffnung auch deutlich andere Zielentfernungen, nämlich mehre hundert Meter, zum Einsatz. Deshalb ist unklar, ob dies auch für das polizeiliche Schießen in sehr kurzen Distanzen transferierbar ist.

Letztendlich kann dem, was Dyer (2016) für den militärischen Bereich feststellte, zugestimmt und sogar ergänzt werden: Das treffgenaue Schießen auf bewegte Ziele in und aus der Bewegung ist eine Fertigkeit eines/r Polizeibeamt*in, dem eine hohe Bedeutung zukommt.

## 5.5 Offene Forschungsfragen

Aus den oben angeführten Diskussionen ergaben sich nachfolgende weitere Forschungsbedarfe:

- Überprüfung der Repräsentativität der Schütz*innen und der Transferierbarkeit der Befunde auf andere Polizeien
- Transfer der hier realisierten Bewegungen auf realistische Bewegungen von Gegnern (statt Zieldarstellungen mit realen Personen arbeiten und Verwendung von z. B. Farbmarkierungsmunition)
- Prüfung der Effektivität von Training hinsichtlich von Schütz*innenbewegung und Schießen auf bewegte Ziele
- Untersuchung des Einflusses von einsatzbedingtem Stress auf die Schießleistung im Zusammenhang mit Bewegung
- Replikation und Optimierung der Prüfung des fehlenden Einflusses unterschiedlicher Schießtaktiken
- Replikation und Optimierung der Prüfung des fehlenden Einflusses der Schießgeschwindigkeit
- Replikation und Optimierung der Prüfung des Einflusses der grundlegenden Schießqualität, insbesondere unter Berücksichtigung potenzieller Interaktionseffekte
- Replikation der Effekte der verschiedenen Bewegungen und der Rangfolge der Effekte mittels intraindividueller experimenteller Variation
- Einbezug von Bewegung des Ziels in die Tiefe des Raums sowie Rotation des Ziels im Sinne einer ökologisch valideren Variation des Schießwinkels
- Fazit

Die Studie wollte den Einfluss von Bewegung auf die Trefferleistung polizeilicher Schütz*innen untersuchen. Es wurde angenommen, dass sich sowohl eine Bewegung des/r Schütz*in wie auch eine Bewegung des Ziels negativ auf die Trefferraten auswirken. Dies konnte deutlich bestätigt werden. Dabei scheint die Beeinträchtigung mit der Komplexität bzw. Geschwindigkeit der Bewegung stark anzusteigen. Auch die Kombination der Bewegung des/r Schütz*in mit der Bewegung des Ziels lässt die Trefferleistung gegenüber der eines/r statischen Schütz*in auf ein statisches Ziel absinken. Es ist also festzuhalten, dass Bewegung in jeglicher Form die Trefferwahrscheinlichkeit eines/r Schütz*in in einer Schießdistanz von vier Metern zum Ziel absinken lässt. Dabei kann dies zu einer Reduzierung auf 50 % der Leistung führen, die er/sie beim statistischen Schießen auf ein statisches Ziel erbringt. Damit konnte belegt werden, dass die Dynamik in einem polizeilichen Feuergefecht eine der Ursachen für im Vergleich zum Übungsschießen niedrigen Trefferquote ist. Weitere Einflussfaktoren wurden diskutiert, sind aber empirisch noch zu betrachten.

Um das Absinken der Trefferquote zu kompensieren, erscheint Training in verschiedener Form hilfreich. Einerseits sind grundlegende Schießfertigkeiten zu trainieren, da Schütz*innen, welche im grundlegenden Schießen (Präzision und grob visiertes Schießen) besser sind, auch besser Schießleistungen unter Einfluss von Bewegung erbringen. Andererseits sprechen Aspekte dafür, dass ein Schießen mit Bewegung trainierbar erscheinen lässt. Das Ausmaß des Effektes muss aber noch untersucht werden.

Vorteile von unterschiedlichen Schießtaktiken, wie Schießen in der Bewegung vs. Schießen aus der Bewegung oder Tracking vs. Trapping, konnten in der vorliegenden Studie nicht gefunden werden. Ebenso konnte kein Einfluss der Schießgeschwindigkeit festgestellt werden. Vielmehr erscheint es sinnvoll, dies den Schütz*innen zu überlassen. Aber auch hier müssen zukünftige Studien elaboriertere Erkenntnisse liefern.

Da die Ergebnisse unter Laborbedingungen mit einer spezifischen Stichprobe erzielt wurden, sind Replikationen, Erweiterungen sowie Transferstudien wünschenswert. Insbesondere Studien erscheinen als eine wertvolle Ergänzung der vorliegenden Ergebnisse, die einen hohen Realitätsgrad des Feuergefechtes herstellen können. Dies umfasst realistische Ziele und realistische Bewegungen unter ausreichend repräsentativen psychologischen Bedingungen. Hier erscheinen Simulationen mit Farbmarkierungssystemen, Laserschießsystemen und Trainingssystemen auf der Basis virtueller Realität sinnvoll.

Aus den Erkenntnissen sowohl zur Forschung rund um den polizeilichen Schusswaffengebrauch, wie sie im theoretischen Teil beschrieben wurde, also auch aus den Ergebnissen der hier vorgelegten Studie ist festzustellen, dass das Schießen auf bewegte Ziele ein für die Polizei sehr wichtiger, aber bisher vernachlässigter Bereich darstellt. Ihm ist mehr Aus- und Fortbildung zu widmen. Dies ist analog den Erkenntnissen von Dyer (2016) für das Militär zu sehen, in dem zahlreiche sehr erfahrene Vorgesetzte aus verschiedenen Bereichen der US-Army sehr einhellig und deutlich herausstellen, dass das Schießen auf bewegte Ziele eine sehr hohe Priorität bei der individuellen Schießfertigkeit haben muss.

# 6 Literatur

Aveni, T. J. (2004). Police Marksmanship Under Fire: Paradox And Promise. Polizei & Wissenschaft, 1/2004, 52–64.

Brouwer, A. M., Smeets, J. B. J., & Brenner, E. (2005). Hitting moving targets: effects of target speed and dimensions on movement time. Experimental Brain Research 165, 28–36 (2005). Https://doi.org/10.1007/s00221-005-2277-y.

Brown, M. J., Tandy, R. D., Wulf, G., & Young J. C. (2013). The effect of acute exercise on pistol shooting performance of police officers. Motor Control,17(3): 273-82. Doi: 10.1123/mcj.17.3.273. Epub 2013 Jun 10. PMID: 23756320.

Caroux, L., Le Bigot, L., & Vibert, N. (2015). Impairment of shooting performance by background complexity and motion. Experimental psychology, 62(2), 98–109. Https://doi.org/10.1027/1618-3169/a000277.

Causer, J., Bennett, S. J., Holmes, P. S., Janelle, C. M., & Williams, A. M. (2010). Quiet eye duration and gun motion in elite shotgun shooting. Medicine and science in sports and exercise, 42(8), 1599–1608. Https://doi.org/10.1249/MSS.0b013e3181d1b059.

Chiu, T. T., Lin, C. L., Young, K. Y., Lin, C. T., Hsu, S. H., Yang, B. S., & Huang, Z. R. (2011). A study of Fitts' law on goal-directed aiming task with moving targets. Perceptual and motor skills, 113(1), 339–352. Https://doi.org/10.2466/05.06.25.PMS.113.4.339-352.

Damm, H. R. (2012). Waffenkunde und Ballistik. In C. Lorei & J. Sohnemann (Hrsg.): Grundwissen Eigensicherung (S. 183–197). Frankfurt: Verlag für Polizeiwissenschaft.

de la Malla, C., & López-Moliner, J. (2015). Hitting moving targets with a continuously changing temporal window. Experimental brain research, 233(9), 2507–2515. Https://doi.org/10.1007/s00221-015-4321-x.

de Lussanet, M. H., Smeets, J. B., & Brenner, E. (2001). The effect of expectations on hitting moving targets: influence of the preceding target's speed. Experimental brain research, 137(2), 246–248. Https://doi.org/10.1007/s002210000607.

Dyer, J. L. (2016). Marksmanship requirements from the perspective of combat veterans - Volume II: Summary report (ARI Research Report 1989). Ft. Belvoir, VA: U.S. Army Research Institute for the Behavioral and Social Sciences. URL: https://apps.dtic.mil/sti/pdfs/AD1006158.pdf.

European Union (28 October 2019, at 15:37). Police, court and prison personnel statistics. Https://ec.europa.eu/eurostat/statisticsexplained/index.php/Police,_court_and_prison_personnel_statistics.

Gernigon, C., Fleurance, P., & Reine, B. (2000). Effects of Uncontrollability and Failure on the Development of Learned Helplessness in Perceptual-Motor Tasks, Research Quarterly for Exercise and Sport, 71:1, 44-54, DOI: 10.1080/02701367.2000.10608879.

Goldstein, E. B. (2015). Wahrnehmungspsychologie – Der Grundkurs. 9. Auflage. Berlin: Springer.

Goonetilleke, R., Hoffmann, E., & Lau, W. (2008). Pistol shooting accuracy as dependent on experience, eyes being opened and available viewing time. Applied ergonomics. 40. 500-508. 10.1016/j.apergo.2008.09.005.

Hawkins, R. N., & Sefton, J. M. (2011). Effects of stance width on performance and postural stability in national-standard pistol shooters. Journal of sports sciences, 29(13), 1381–1387. Https://doi.org/10.1080/02640414.2011.593039.

Hoffman, M. D., Gilson, P. M., Westenburg, T. M., & Spencer, W. A. (1992). Biathlon shooting performance after exercise of different intensities. International journal of sports medicine, 13(3), 270–273. Https://doi.org/10.1055/s-2007-1021265.

Kerkhoff, W., Bolck, A., & Mattijssen, E. J. (2016). Influence of Running on Pistol Shot Hit Patterns. Journal of Forensic Sciences; 61 Suppl 1, S 102-109. Doi: 10.1111/1556-4029.12895. Epub 2015 Sep 2. PMID: 26331462.

Klein, G. (1996). The Effect of Acute Stressors on Decision Making. In J. E. Driskell, & E. Salas (Eds.), Stress and Human Performance (49–88). Mahwah: Lawrence Erlbaum Associates.

Laaksonen, M. S., Finkenzeller, T., Holmberg, H. C., & Sattlecker, G. (2018). The influence of physiobiomechanical parameters, technical aspects of shooting, and psychophysiological factors on biathlon performance: A review. Journal of sport and health science, 7(4), 394–404. Https://doi.org/10.1016/j.jshs.2018.09.003.

Lorei, C. (2014). Stress & Leistung. In F. Hallenberger & C. Lorei (Eds.): Grundwissen Stress (87–146). Verlag für Polizeiwissenschaft, Frankfurt.

Lorei, C. (2017). Mehr als eine Dekade „neue Polizeimunition" – evaluative Überlegungen. In C. Lorei (Hrsg.): Studien zum Schusswaffeneinsatz: Neue Studien zum Schießen (S. 9–57). Frankfurt am Main: Verlag für Polizeiwissenschaft.

Lorei, C. (2021). Über die verschiedenen Aspekte der Messung der Schießleistung. Polizei Verkehr Technik, 66 (1), S. 17–25.

Lorei, C. (2023). „Denn sie wissen nicht, dass sie es tun" Zum massiven Anstieg der unbeabsichtigten Schussabgabe bei der deutschen Polizei. Kriminalistik, 1, 2023, S. 18–22.

Lorei, C. & Balaneskovic, K. (2020). Schusswaffengebrauch gegen Personen in Deutschland 2013–2017. In C. Lorei (Hrsg.) (2020). Studien zum Schusswaffeneinsatz: Polizeilicher Schusswaffengebrauch in Deutschland und Europa (S. 3–60). Frankfurt am Main: Verlag für Polizeiwissenschaft.

Lorei, C. & Heim, C. (2022). Unbeabsichtigte Schussabgabe. In B. Körber & P. Schmalzl (Eds.): Polizeipsychologie in Schlüsselbegriffen. Boorberg, Stuttgart.

Lorei, C. & Heimann, R. (2017) Schießen auf Flüchtende – Eine Replikation. In C. Lorei (Eds.): Studien zum Schusswaffeneinsatz: Neue Studien zum Schießen. Frankfurt : Verlag für Polizeiwissenschaft.

Lorei, C. & Stiegler, G. (2014a). Schießen auf mit Schutzwesten ausgestattete Rechtsbrecher. In C. Lorei (Eds.): Studien zum Schusswaffeneinsatz: Schießen (131–158). Frankfurt : Verlag für Polizeiwissenschaft.

Lorei, C. & Stiegler, G. (2014b). Unterschiede zwischen verschiedenen Schießhaltungen. In C. Lorei (Eds.): Studien zum Schusswaffeneinsatz: Schießen (159–197). Frankfurt : Verlag für Polizeiwissenschaft.

Lorei, C., Balaneskovic, K., Kocab, K. & Groß, H. (2023a). Deeskalation als Thema im Studium und in der Ausbildung der Deutschen Polizei. Polizei & Wissenschaft, 1/2023.

Lorei, C., Grünbaum, B., Spöcker, W. & Spitz, S. (2017). Schnell Schießen oder genau Treffen? Zu Abhängigkeit von Schießgeschwindigkeit und Treffgenauigkeit. In C. Lorei (Hrsg.): Studien zum Schusswaffeneinsatz: Neue Studien zum Schießen. Frankfurt am Main: Verlag für Polizeiwissenschaft.

Lorei., C., Balaneskovic, K., Kocab, K. & Groß, H. (2023b) Deeskalation als Fortbildungsthema deutscher Polizeien. Teil 1: Grundlagen und Forschungsstand zur Deeskalation. Die Polizei,

Lorei., C., Balaneskovic, K., Kocab, K. & Groß, H. (2023c) Deeskalation als Fortbildungsthema deutscher Polizeien. Teil 2: Ergebnisse und Diskussion der empirischen Erhebung in Deutschland. Die Polizei,

Mononen, K., Konttinen, N., Viitasalo, J., & Era, P. (2007). Relationships between postural balance, rifle stability and shooting accuracy among novice rifle shooters. Scandinavian journal of medicine & science in sports. 17. 180-5. 10.1111/j.1600-0838.2006.00549.x.

Morrison, G. B., & Vila, B. J. (1998). Police handgun qualification: Practical measure or aimless activity? Policing: An International Journal of Police Strategies & Management, 21, 510–533.

New York City Police Department (2019). Use of force report 2018. Https://www1.nyc.gov/assets/nypd/downloads/pdf/use-of-force/use-of-force-2018.pdf (abgerufen am 20.04.2020).

Nieuwenhuys, A., Savelsbergh, G. J., & Oudejans, R. R. (2012). Shoot or don't shoot? Why police officers are more inclined to shoot when they are anxious. Emotion, 12 (4), 827–833. Https://doi.org/10.1037/a0025699.

Oudejans, R. R. D. (2008). Reality-based practice under pressure improves handgun shooting performance of police officers. Ergonomics, 51, 261–273.

Police Academy - Firearms and Tactics Section (2006). Firearms Discharge Report. Https://www.nyclu.org/sites/default/files/nypd_firearms_report_10 2207.pdf (abgerufen am 21.4.2020).

Polizeitechnisches Institut (PTI) der Deutschen Hochschule der Polizei (2021). Technische Richtlinie (TR). Patrone 9 mm x 19, schadstoffreduziert. Version 5, Stand 24.6.2021. Münster: Polizeitechnisches Institut (PTI) der Deutschen Hochschule der Polizei. URL: https://www.dhpol.de/microsite/pti/medien/downloads/richtlinien/technische-richtlinien/munition/TR-Patrone-9mmx19_Stand_24-06-2021.pdf (abgerufen am 27.1.2023).

Rothschild, M. (2008). Wundballistik in der Rechtsmedizin. Klassische Rechtsmedizin. In Kneubuehl, B. P., Coupland, R. M., Rothschild, M. A. & Thali, M., J. (Hrsg.): Wundballistik. Grundlagen und Anwendungen (3., vollst. überarbeitete. und erw. Aufl.) (S. 267–304). Berlin: Springer.

Rothschild, M. A. & Kneubuehl, B. P. (2012). (Wund-)Ballistische Grundlagen für die polizeiliche Eigensicherung. In C. Lorei & J. Sohnemann (Hrsg.): Grundwissen Eigensicherung, (S. 199–232). Frankfurt: Verlag für Polizeiwissenschaft.

Sattlecker, G., Buchecker, M., Gressenbauer, C., Müller, E., & Lindinger, S. J. (2017). Factors Discriminating High From Low Score Performance in Biathlon Shooting. International journal of sports physiology and performance, 12(3), 377–384. Https://doi.org/10.1123/ijspp.2016-0195,

Schade, T. V., & Bruns, G. H. (1989). Police shooting performance in threatening environments. American Journal of Police, 8 (2), 31–48.

Schendel, J. D., & Johnston, S. D. (1983). A Study of Methods for Engaging Moving Targets. Human Factors, 25(6), 693–700. Https://doi.org/10.1177/001872088302500606.

Simon, B. (2017). Shooting At Moving Targets. NATIONAL RIFLE ASSOCIATION. URL: https://www.nrablog.com/articles/2017/10/shooting-at-moving-targets.

Taverniers, J., & De Boeck, P. (2014). Force-on-Force Handgun Practice: An Intra-Individual Exploration of Stress Effects, Biomarker Regulation, and Behavioral Changes. Human factors, 56 (2), 403–413. Https://doi.org/10.1177/0018720813489148:

Uhl, E. R., Bink, M. L., James, D. R., & Jackson, M. (2017). Realism and Effectiveness of Robotic Moving Targets. U.S. Army Research

Institute for the Behavioral and Social Sciences. Url: https://apps.dtic.mil/sti/pdfs/AD1039752.pdf.

Vila, B. J., & Morrison, G. B. (1994). Biological limits to police combat handgun shooting accuracy. American Journal of Police, 13 (1), S. 1–30.

White, M. D. (2006). Hitting the Target (or not): Comparing characteristics of fatal, injurious, and non-injurious police shootings. Police Quarterly, 9 (3), 303–330.

Wood, G., & Wilson, M. R. (2010). A moving goalkeeper distracts penalty takers and impairs shooting accuracy. Journal of Sports Sciences, 28:9, 937-946, DOI: 10.1080/02640414.2010.495995.